WLADA KOLOSOWA

Russland to go

W0388066

GOLDMANN
Lesen erleben

Buch

»Wenn ich meinen deutschen Freunden erzähle, dass ich mit dem Rucksack durch mein Heimatland reisen will, klopfen sie mir anerkennend auf die Schultern. Die meisten Russen klopfen sich an den Schädel, als Zeichen dafür, wie hohl meine Birne ist. Mein Vater klopfte sich zuerst an seinen Kopf und dann an meinen. Dann fragte er, ob er mich davon abbringen kann, wenn er mir eine Reise durch Laos und Kambodscha bezahlt …«
Konnte er nicht. Wlada Kolosowa bleibt ihren Plänen treu. Bei über einem Dutzend Gastgebern in ebenso vielen Städten sucht sie Anschluss an die russische Kultur. Sie »wurstet sich« auf ihrer ersten russischen Party, bandelt mit Dostojewski an und kotzt heiliges Wasser während der Zugfahrt von Sotschi nach Odessa.
»Ich weiß nicht, ob es die Sehnsucht nach meinen vernachlässigten Wurzeln war oder die sehr deutsche Faszination für die russische Seele und die Transsibirische Eisenbahn, die mich nach Russland trieb. Wahrscheinlich ein bisschen von beidem.«

Autorin

Wlada Kolosowa, 25, ist Autorin und Kolumnistin für SPIEGEL ONLINE, jetzt.de, das Jugendportal der Süddeutschen Zeitung, und den Tagesspiegel. Sie studiert Psychologie, Publizistik und Kreatives Schreiben und arbeitet als freie Journalistin unter anderem auch für Grazia und ZeitOnline.

Wlada Kolosowa

Russland to go

Eine ungeübte Russin
auf Reisen

GOLDMANN

MIX
Papier aus verantwortungsvollen Quellen
FSC® C014496

Verlagsgruppe Random House FSC-DEU-0100
Das FSC®-zertifizierte Papier *München Super* für dieses Buch
liefert Arctic Paper Mochenwangen GmbH.

1. Auflage
Originalausgabe August 2012
Wilhelm Goldmann Verlag, München,
in der Verlagsgruppe Random House GmbH

Umschlaggestaltung: UNO Werbeagentur München
Umschlagmotiv: FinePic, München
Autorenfoto: Inken Rauch
Gestaltung der Umschlaginnenseiten: UNO Werbeagentur München
Karte: Tanja Knappheide
Fotos: Wlada Kolosowa
Redaktion: Antje Steinhauser
Layout und Satz: Tanja Knappheide
KF · Herstellung: Str.
Druck und Einband: GGP Media GmbH, Pößneck
Printed in Germany
ISBN 978-3-442-15714-3

www.goldmann-verlag.de

INHALT

NIKEL
MURMANSK
Ru
PETROSAWODSK
ST. PETERSBURG
MOSKAU
TOMSK
ALEXIN
OMSK
SCHTSCHOKINO
Ukraine
POPOWKA
ODESSA
SOTSCHI

ssland
IRKUTSK

SO ETWAS WIE EIN VORWORT

Für den Rest der Welt ist Russland ein Rätsel. Ein Land der Dichter und Dichten, Poeten und Proleten, Schwachköpfe und Schachweltmeister. Ein Land, in dem Geld regiert und natürlich die Liebe. Die Welt fürchtet Russland, die Welt liebt es. Allerdings versteht die Welt diesen riesigen Staat nicht, in dem nichts klar zu sein scheint, außer der Wodka. Nicht, dass die Russen selbst den absoluten Durchblick hätten. Auch für sie ist Russland ein Mysterium. Nur kämen sie nie darauf, es ergründen zu wollen (und zu können). Und schon gar nicht, indem sie ein paar Monate mit dem Rucksack durch das Land tingeln. Das machen ihrer Meinung nach nur Westeuropäer, die zu viele Sibirien-Dokus gesehen haben.

Als ich verkündete, dass ich einen Sommer lang durch Russland reisen möchte, jubelten meine deutschen Freunde. Meine russischen Verwandten hätten mich am liebsten unter Hausarrest gestellt. »Was dem Russen gut tut, ist des Deutschen Tod«, zitierten sie ein russisches Sprichwort. Für meine Familie gehörte ich eindeutig in die zweite Kategorie, obwohl ich in Russland geboren wurde und dort meine Kindheit verbracht hatte.

Mein Pass ist zwar russisch, meine Anschrift aber seit zwölf Jahren deutsch. Als ich mit meiner Mama hergezogen bin, wollte ich lange keine Russin sein. Auch nicht unbedingt eine Deutsche, sondern einfach – wie alle. Ich wurde eine derart gut assimilierte Ausländerin, dass ich oft vergaß, dass ich eine war. Ich passte gut rein. Dafür bin ich in dem Land, in dem ich zur Welt kam, ein Integrationsproblemfall: Ich verstehe weder die Umgangssprache noch die Witze und auch nicht, wie die Junge-Mädchen-Sache funktioniert.

Ich weiß nicht, ob es die Sehnsucht nach meinen vernachlässigten Wurzeln war oder die sehr deutsche Faszination für die russische Seele und die Transsibirische Eisenbahn, die mich nach Russland trieb.

Wahrscheinlich war es ein bisschen von beidem. Natürlich hat die westliche Russ-Romantik meine Reiseplanung beeinflusst: Ich wollte den Kreml sehen, Kirchen mit Zwiebeltürmchen und den Baikalsee. Aber am meisten interessierten mich Städtchen wie Schtschokino und Alexin abseits klassischer Reiserouten. Diese Orte kenne ich von meinen Kinderfotos, und ich konnte sie mir nur in Schwarzweiß oder in den Vintage-Farben der Achtzigerjahre-Aufnahmen vorstellen.

Weil ich sie in Farbe wiedersehen wollte, habe ich auf meiner Reise neben aufregenden Metropolen auch Städte besucht, in denen die größte Sehenswürdigkeit der Supermarkt ist. Und manchmal habe ich irgendwo Halt gemacht, einfach weil ich das Gefühl hatte: Dort werde ich gut empfangen. Auf meiner Reise übernachtete ich meistens bei Freundesfreunden oder Bekannten meiner

Eltern. Oft wohnte ich auch bei Couchsurfern – also Gastgebern, die Reisenden, die sie sympathisch finden, ein kostenloses Bett anbieten, und was noch viel wichtiger ist – ihre Freundschaft.

Leser von SPIEGEL ONLINE waren auf meiner Entdeckungstour dabei. Von Juli bis September 2011 reiste ich und schrieb die Kolumne »Wlada in Russland« – die Grundlage für dieses Buch.

»Russland to go« ist jedoch mehr als eine Kolumnensammlung. Es ist die Geschichte einer Begegnung mit fremder Heimat und auch ein kleiner Landesführer. Ich durchquerte Russland von Nikel hinter dem Polarkreis bis Sotschi im Süden, von St. Petersburg im Westen bis Irkutsk im Osten und habe auch einen Abstecher in die ukrainische Krim gemacht. Die Städte, in denen ich mich länger aufhielt, stelle ich am Anfang des jeweiligen Kapitels kurz vor. Russische Worte, die ich im Buch verwende, sind bei der ersten Nennung kursiv markiert und werden im Glossar erklärt.

Russland ist mir nach wie vor ein Rätsel. Die Reise hat daran nichts geändert. Und trotzdem habe ich Antworten mit nach Hause gebracht. Denn ich bin nicht nur durch Russland gereist, sondern auch ein bisschen zu mir selbst. Wer möchte, kann mitkommen.

Entfernung nach Berlin: 1 326 km
Einwohner: etwa 4,9 Millionen

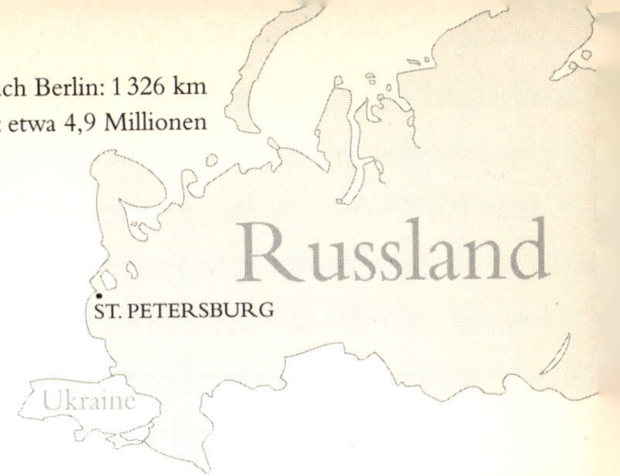

ST. PETERSBURG

Санкт Петербург

Das macht hier Spaß: *Weiße Nächte im Juli, wenn die Sonne kaum untergeht. Die Hauptstraße Newski Prospekt. Abertausende Brücken (die Stadt ist auf 42 Inseln erbaut).*

Das nervt: *Kriminalität. Dreck. (Laut Greenpeace leben etwa 200 000 Einwohner in Stadtgebieten, in denen das aus gesundheitlichen Gründen eigentlich verboten sein sollte.) Grauer Himmel mit 196 Regentagen pro Jahr.*

Das sagt der Reiseführer: *Venedig des Nordens. Fenster zum Westen. Kulturzentrum Russlands (die UNESCO hat 15 Prozent der Gebäude als Kulturdenkmäler eingestuft).*

Das sagen die Einwohner: *Die wahre Hauptstadt sind wir!*

Das sagen die Besucher: *St. Petersburg ist wirklich großartig, nur sollte die Stadt schleunigst überdacht werden!*

ST. PETERSBURG:
Nichts für Kohlrabivögel

Zum Frühstück gibt's Kaviarmüsli, wie immer, wenn ich in Russland zu Besuch bin. Bemüht um ein möglichst glückliches, hungriges und dankbares Gesicht, schaufele ich die glibberigen Kügelchen in mich hinein. Omas Blick begleitet jeden Löffel, der in meinem Mund verschwindet. Schließlich esse ich gerade nicht einfach roten Kaviar aus einer Müslischale. Ich löffle gerade ihre Liebe.

Als ich klein war, hat Oma in der sowjetischen Zeitschrift »Die Wahrheit des Komsomols« gelesen, dass Kaviar die Bildung von roten Blutkörperchen fördert. Meine Kindheit hindurch frühstückte ich deshalb wie ein dekadenter Ölscheich. Was auch der Tatsache zu verdanken war, dass Kaviar hinter dem Polarkreis, wo Oma herkommt, billiger war als zum Beispiel Weintrauben.

Oma wohnt inzwischen in St. Petersburg. Ich wohne, seit ich zwölf bin, in Deutschland. Aber wenn ich zu Besuch bin, ist alles wie früher. Oma spart sich monatelang den Kaviar von ihrer Rente ab, um ihre Enkelin zu päppeln. Denn Oma möchte mich glücklich sehen.

Und ihrer Ansicht nach macht dieses Körnerzeug, das Deutsche zum Frühstück essen, höchstens Wellensittiche glücklich.

Auch ich möchte Oma glücklich sehen. Also verschweige ich, dass es mir lieber wäre, wenn ihre Liebe sich in Cornflakes manifestierte. Stattdessen versuche ich, die Fischeier unzerkaut und möglichst schnell an meinen Geschmacksrezeptoren vorbeizuschleusen.

»Kauen! Kauen! Du schluckst wie eine hungrige Ente!«, schimpft Oma, insgeheim höchst zufrieden, dass nur sie das ausgehungerte Kind satt bekommt.

»Ich bin schon sooo voll!«, sage ich.

»Iss! Du bist doch kein Kohlrabivogel!«

»Meinst du vielleicht Kolibri?«

»Wie auch immer. Wag es ja nicht, vom Tisch aufzustehen! Auf dich warten noch *Blini* und Zucchinikaviar.«

Zucchinikaviar ist bedeutend besser als roter, es ist eine Art halb püriertes Ratatouille. Aber auch hier lauern Fallen. Omas Gerichte, die keine einheitliche Struktur und Farbe aufweisen, müssen stets wie ein Minenfeld untersucht werden. Oma ist nämlich ein Profi in Fleisch-Mimikry. Und natürlich! Auch diesmal tarnt sich ein fasriger Brocken unter einem dicken Möhrenstück.

»Oma, hör endlich auf, Fleischstücke in meinem Essen zu verstecken! Du weißt doch genau, dass ich kein Fleisch esse!«

»Humbug. Natürlich isst du Fleisch.«

»Ich weiß ja wohl besser, was ich esse und was nicht!«

»Nein, tust du nicht. Jeder isst Fleisch! Ohne Proteine geht der Mensch ein!«

»Als Angela und ich dich besuchen waren, hat sie auch kein Fleisch gegessen!«

»Ja, aber das ist etwas völlig anderes. Sie ist Deutsche. Sie hat andere Gene! Jetzt iss deinen Zucchinikaviar! Und versuch erst gar nicht, die Wurst aus dem Salat zu suchen!«

Ich hab es ja längst begriffen: Wer seine Klappe nicht hält, bekommt bloß noch mehr Essen reingeschoben. Cornflakes wird es nicht geben, ich habe mich damit abzufinden, dass das russische Frühstück in Omas Ausführung eine Fortsetzung des Abendessens ist. Brav stochere ich in der Schüssel mit *Salat Olivje* – einer Massenkarambolage aus Fleischwurst, Erbsen, Kartoffeln und Mayonnaise. Ich schlucke die Masse herunter, zusammen mit der Bemerkung, dass dieser »Salat« in Deutschland als reichhaltiger Brotaufstrich gelten würde.

Danach gibt es *Syrniki* – eine Art Quarkkäulchen. Und Kompott. Und Schwarztee. Somit hat Oma schon um neun Uhr morgens einen kleinen Supermarkt in meinem Bauch untergebracht, ohne Produkttrennung nach Fleischtheke, Gemüseabteilung und Süßwarenregal. Langsam nährt sich in mir der Verdacht, dass Oma bei mir eine Magenverstimmung heraufbeschwören möchte, damit ich übermorgen auf keinen Fall losfliegen kann. In zwei Tagen breche ich zu meiner Russlandrundreise auf – was bei meiner russischen Verwandtschaft höchste Besorgnis hervorruft.

Ich bin 24. Ein halbes Leben habe ich in Russland verbracht, ein halbes in Deutschland. Mein Pass und mein Genpool sind russisch, der Rest ist sehr deutsch. Lesen und schreiben habe ich mit *Azbuka* gelernt, wohin man die Nase beim Küssen tut mit »Gute Zeiten, schlechte Zeiten«. In Deutschland bekam ich den ersten Pickel und machte das Abitur. Neuerdings ist auch noch ein Uniabschluss dazugekommen. Seitdem klopfen große Fragen an meine Tür: Wer bin ich? Deutsche oder Russin? Was will ich? Und vor allem: Wohin soll es gehen?

Erst einmal zurück zu den Wurzeln, habe ich beschlossen, in der Hoffnung, dass diese Antwort die restlichen mit sich bringt. Während meine Freunde sich beim zwölften Praktikum oder auf Reisen in Südostasien oder auf Weltreisen suchen, werde ich einen Sommer lang mein Herkunftsland erkunden.

Seit meine Mama und ich nach Deutschland gezogen sind, habe ich zwar jedes Jahr meine alte Heimat besucht. Russland, das größte Land der Welt, blieb für mich dabei aber nur 60 Quadratmeter groß – so groß wie Omas Wohnung. Es war ein ziemlich gemütliches Russland, mit schweren Möbeln, die nach Zitronenpolitur rochen, Tausenden Büchern und Sachen, die ich seit meiner Kindheit kannte. Hier veränderte sich kaum etwas. Mit den Jahren wurden zwar die Fernseher flacher und Omas Bauch dicker. Aber die Pendeluhr, die ich seit meiner Kindheit kenne, ging immer noch nach der Zeit meiner Kindheit.

Ich hatte keinen besonderen Grund, dieses Russland zu verlassen. Hier gab es Liebe, Wärme und Pfannkuchen. Außerdem merkte ich, dass ich in der Außenwelt langsam eine Fremde geworden war. Meine russische Entwicklung ist mit zwölf Jahren stehengeblieben. Ich wurde erwachsen, mein Wortschatz nicht. Wenn ich mit meiner Mutter Russisch spreche, bleibt Lohnsteuererklärung Lohnsteuererklärung, Versicherung Versicherung, Pille Pille. Mama versteht mich – schließlich spricht auch sie Deutsch. In St. Petersburg fehlen mir aber die Worte. Auf Russisch habe ich diese Vokabeln nie gelernt, brauchte sie auch nie. Ich kann noch nicht einmal eine E-Mail mit russischen Buchstaben schreiben: Auf der kyrillischen Tastatur verirren sich meine Finger.

Meine Heimat schien mir mit den Jahren immer geheimnisvoller, gefährlicher – wie ein fernes Ausland, dessen Sprache ich zufällig spreche. Sogar die USA waren irgendwie näher: Dort habe ich ein Auslandsjahr verbracht, bin an den Küsten entlanggereist. In Russland kenne ich nur vier Städte: Nikel und Schtschokino, in denen ich als Kind wohnte; Sotschi, wo wir immer Ferien machten, und St. Petersburg – wo ich zur Welt kam und wo inzwischen mein Vater und meine Oma leben.

Dabei fasziniert mich dieses Land, in dem man Sachen mit dem großen Löffel isst, die in Deutschland allenfalls dünn aufs Brot gestrichen werden. Das Land, in dem die Menschen keine Fremden anlächeln, aber den letzten Rubel für dich ausgeben, sobald du es über die Türschwelle ihrer Seele geschafft hast. Meine fremde Heimat.

Mein russischer Vater findet meinen Erkenntnisdurst generell löblich. Aber muss es denn gleich teilnehmende Beobachtung im Feld sein? Reicht es nicht, ein Buch über russische Geschichte zu lesen?

Mir nicht. Ich habe beschlossen, Russland mit dem Rucksack zu bereisen: von Nikel hinter dem Polarkreis bis Sotschi im Süden; vom Schwarzen Meer bis zum sibirischen Baikalsee.

Wenn ich meinen deutschen Freunden davon erzählte, klopften sie mir anerkennend auf die Schultern. Die meisten Russen klopften sich an den Schädel, als Zeichen dafür, wie hohl meine Birne ist.

Mein Vater klopfte zuerst an seinen Kopf und dann an meinen. Dann fragte er, ob er mich von meinem Russland-Trip abbringen kann, wenn er mir eine Reise durch Laos und Kambodscha bezahlt. Ich lehnte dankend ab. Vater knickte seine imposante Monobraue missfällig in der Mitte und legte die Stirn in Sorgenrunzeln.

»Und was willst du hier finden?«, fragte er. »Überall ist's das Gleiche: Die Menschen gehen zur Arbeit, dann in den Supermarkt und ab und an ins Kino. Die Alten klagen über den Rücken, die Jungen über die Langeweile. Das ist in Sotschi nicht anders als in Murmansk und nicht anders als in Berlin. Unterschiede gibt's höchstens bei der Außentemperatur und beim Durchschnittseinkommen!«

»Und was willst du hier finden?«, fragte auch meine russische Tante mütterlicherseits, eine stahlharte Businesslady mit ebenso fester Anna-Wintour-Frisur. Sie klopfte sich nicht an den Kopf, aus Sorge um dieselbe. Stattdessen signalisierte sie mir den Grad meiner Geistesumnachtung, indem sie ihren Zeigefinger an der Schläfe hin und her drehte. So lange, bis sich eine ihrer Betonsträhnen darum wickelte.

»Glaub mir, die ganze Russland-Romantik macht nur von zu Hause aus Spaß«, sagte sie. »Deine Mutter kocht besser als jedes Restaurant, mit dem Satelliten kannst du dir die tollen alten Streifen im Abendprogramm angucken. Meinetwegen organisiere ich dir ein Wochenende im russischen Dorf, da kannst du deine Ladas und Ömchen in Gummigaloschen fotografieren. Das Bild hängst du dir dann in Berlin an die Wand, und deine Freunde machen Oh! und Ah! Dann erzählst du noch die Mär von Großonkel Stephan, der ertrunken ist, als er mit dem Kopf in dem Bottich mit selbstgebranntem Schnaps einschlief. Da hast du deine russische Identität. Was anderes will doch niemand bei euch hören!«

Nur Oma fragte nicht, was ich in Russland finden will. Sie versuchte erst gar nicht, an meine Vernunft zu appellieren. Bei Oma geht nicht nur die Liebe durch den Magen, sondern auch die Argumentation. Womit sie nicht ganz unrecht hat: Nichts stillt den Reisehunger so effektiv wie ein fünffaches Frühstück. Von 20 000 geplanten Kilometern, die ich in Russland zurücklegen wollte, werde ich heute keinen einzigen schaffen. Als ich mich endlich vom Tisch erheben darf, kann ich höchstens ein, zwei Schritte machen. Dann gewinnt die Schwerkraft die Oberhand. Heute habe ich nur noch ein Reiseziel: Omas Sofa.

ST. PETERSBURG:
Ja Nein Vielleicht

Es ist kein Zufall, dass diese Reise in St. Petersburg anfängt. In dieser Stadt beginnt auch meine Geschichte. Morgen geht die Russlandtour los. Aber bevor ich nach Murmansk fliege, reise ich in die Vergangenheit. Papa ist mein Tourguide. Ich hole ihn von der Arbeit ab, dann brechen wir zur Wassiljewski-Insel auf, wo Papa als Student wohnte. Zu Fuß. Früher hat er schließlich auch kein Auto gehabt.

Wenn ich die Uhren zurückdrehen könnte, würde ich am liebsten ins Jahr 1986 reisen – ein Jahr, bevor ich geboren wurde. Ich würde gern sehen, wie das St. Petersburg meiner Eltern aussah, das damalige Leningrad, das ich mir nur in verblichenen Vintage-Farben alter Achtzigerjahre-Fotos vorstellen kann. Als ich mit Papa durch die Straßen auf der Wassiljewski-Insel laufe, stellen wir uns vor, wie das Leben aussehen würde, wenn wir uns 25 Jahre zurückbeamen könnten.

Mein Papa wäre noch nicht mein Papa. Er wäre einfach Wladislaw, kurz Wlad, langhaariger Fünftsemestler am Bergbauinstitut in einer zerschlissenen Jeans, für die er drei Monate jobben und danach vier Stunden in der heißen Badewanne sitzen musste, um sie mit einem Bimsstein zu bearbeiten.

1986 würde Wlad nicht seiner Tochter ein Eis kaufen, sondern irgendeiner schönen Kommilitonin. Eine Verkäuferin mit gestärkter Schürze und Haube würde ihm einen Waffelbecher mit Sahneeis reichen, aus einer Tiefkühltruhe mit der Aufschrift »Sowjetische Milcherzeugnisse«, oder so ähnlich, und nicht »Nestlé«. Das Eis würde 28 Kopeken kosten und nicht 28 *Rubel*. Es würde Wlads Geldbeutel trotzdem wehtun.

In den Kirchen an der Wassiljewski-Insel wären Schwimmbäder untergebracht, öffentliche Bibliotheken und Restaurants mit den begehrtesten Tischen direkt unter den Zwiebeltürmchen. Religion wäre ja 1986 Opium für das Volk. Ganz anders als heute würden auch keine Touristen und Fromme zur Grabstätte der heiligen *Xenia* pilgern. Um diese Uhrzeit wäre niemand am Smolensker Friedhof, außer Studenten des Bergbauinstituts.

»Und warum seid ihr zu der Grabstätte gegangen?«, frage ich Papa. »Wart ihr Studenten religiös? Aus Protest gegen das Regime?«

»Quatsch. Wir waren alles andere als fromm. Die Kapelle lag in einer entlegenen Ecke, an der niemand vorbeikam. Dort konnte man sich dann, ähh, ungestört umarmen. Früher war es unser Standard-Abschleppspruch: Willst du die Grabstätte der heiligen Xenia sehen?«

»Das ist ein bisschen pietätlos.«

»Dafür ums Eck vom Studentenwohnheim! Außerdem

hat es früher keine Heiligen gegeben. Kein Jesus. Kein Gott. Nur Lenin. Wir hatten keine Skrupel. Die Schlupflöcher im Zaun wurden von einer Studentengeneration an die nächste weitergegeben.«

Wo sich heute Metallstäbe aneinanderreihen, war vor 25 Jahren wahrscheinlich wirklich eine Lücke. Und selbst wenn nicht – Wlad würde niemals den Hauptausgang nehmen wie heute. Er würde sich über den Zaun schwingen, denn sein Wohlstandsbäuchlein wäre noch nicht da, und Löcher in Klamotten wären ein Accessoire und kein Grund, sie wegzuschmeißen.

Nach dem Spaziergang würde Wlad in sein Achterzimmer im Wohnheim am Kleinen Prospekt zurückkehren – einem schnörkeligen Altbau mit riesigen Fenstern. Im zweiten von links im zweiten Stock würde er stehen, Mädchen angucken und üben, möglichst lässig zu rauchen.

Irgendwann würde über den Kleinen Prospekt meine Mama huschen, die vor 25 Jahren noch nicht meine Mama wäre, noch nicht Papas Exfrau, noch nicht einmal seine Frau. Sie wäre einfach Olga, 18, Erstsemesterin, die am liebsten allein herumspazierte, im selbst genähten quietschgelben Mantel und mit Lidstrich aus schwarzem Kugelschreiber.

Wlad würde aus dem Fenster brüllen: Ey, Schöne, willst mit ins Kino? (Ja, so lernten sie sich wirklich kennen.) Und Olga würde zurückbrüllen: Na gut! Wlad und Olga würden zusammen ins Kino gehen und am nächsten Tag spazieren oder tanzen und irgendwann wahrscheinlich zur Grabstätte der heiligen Xenia. Und eines Tages würden sie zusammen die Brücken verpassen, die die Wassiljewski-Insel mit dem restlichen St. Petersburg verbinden.

»Unsere Stammdisco war auf dem Festland«, erzählt Papa. »Wenn wir feiern gingen, mussten wir richtig feiern. Vor Morgengrauen kam niemand nach Hause! Ging ja nicht. Nachts werden in St. Petersburg die Brücken hochgezogen, damit größere Schiffe darunter passieren können. Das Wohnheim war am Wochenende wie ausgestorben. Wer es vor eins nicht auf die Insel schaffte, musste bis fünf auf dem Festland rumgurken.«

»Und was passierte, wenn man nicht vor eins von der Insel loskam?«

»Gute Sachen, manchmal«, sagt Papa. »Du, zum Beispiel.«

An einem Samstagabend vor etwa 24 Jahren und neun Monaten würden Olga und Wlad also in Wlads leerem Achtbettzimmer zurückbleiben, in dessen Fenster wir heute gucken. Bis die Brücken sich wieder schlossen und die Mitbewohner zurückkamen, hätten sie ein Zimmer für sich allein.

Sechs Monate später würden sie in ebendiesem Zimmer ihre Hochzeit mit Buletten und Wodka feiern, Olga mit Kugelbauch im cremefarbenen Kleid ihrer dicksten Freundin; Wlad voll Stolz und Zukunftsangst, weil die Eltern gegen die Hochzeit waren.

»Siehst du das Fenster direkt oben drüber?«

»Mhm.«

»Da haben wir gewohnt, nachdem du geboren wurdest. Ein Familienzimmer nannte es sich. Sechs Quadratmeter groß. Ein Palast. Wir fühlten uns sehr erwachsen und reich. Dabei hatten wir so wenig Geld, dass du die erste Zeit in einer Schublade schlafen musstest.«

Papa und ich laufen zum kleinen Park neben dem Studentenwohnheim. Vor 24 Jahren würde mich hier die gesamte Ingenieur-Fakultät im Kinderwagen herumschieben. Nein, wahrscheinlich würde ich gerade eher in meiner Schublade schlafen. Inzwischen ist es weit nach Mitternacht. Ich mache mir Sorgen, dass wir es nicht rechtzeitig über die Brücken schaffen. Die Reise in die Vergangenheit neigt sich dem Ende zu.

»Wenn du die Uhr zurückdrehen könntest – würdest du's tun?«, frage ich Papa, bevor wir die Insel verlassen.

»Warum sollte ich?«

»Um manche Dinge anders zu machen. Um noch mal da zu sein.«

»Ja nein vielleicht«, antwortet Papa und schweigt kurz.

»Ja nein vielleicht« ist mein Lieblingssatz im Russischen. Es lässt sich kaum in andere Sprachen übersetzen und bedeutet so etwas wie: wahrscheinlich eher nicht. Ein zögerliches, zwiespältiges Verneinen. Papa kickt ein paar Steine mit seinen Lackschuhen beiseite und blickt lange in eine nur ihm bekannte Ferne.

»Nein, ich will ganz sicher nicht zurück. Auch wenn ich mit Wehmut zurückdenke. Wenn man sich an seine Jugend erinnert, ist man immer traurig. Aber es ist eine weiße Traurigkeit.«

»Weiße Traurigkeit?«, frage ich.

»Gibt's den Ausdruck nicht im Deutschen? Weiße Traurigkeit ist gute Traurigkeit. Man ist traurig darüber, dass etwas vorbei ist, und gleichzeitig noch viel glücklicher, dass es überhaupt da war.«

Und dann laufen wir still nach Hause, Wlad und Wlada, Hand in Hand, über die Brücke, ohne die es mich wahrscheinlich nicht gegeben hätte.

Entfernung nach Berlin: 2102 km
Entfernung nach St. Petersburg: 1016 km
Einwohner: etwa 310000

MURMANSK

Мурманск

Das macht hier Spaß: *Das Fest „Hallo Sonne", das am Ende der Polarnacht gefeiert wird.*

Das nervt: *Bevor gefeiert wird, sitzt Murmansk vom 29. November bis zum 15. Januar im Dunkeln, bei Spitzentemperaturen bis minus 40 Grad Celsius.*

Das sagt der Reiseführer: *Kapstadt des Nordens.*

Das sagen die Einwohner: *Ach wirklich?*

Das sagen die Besucher: *Brrrr!*

MURMANSK:
Junge Frau, darf ich an Ihnen saugen?

Die Augen des bärtigen Autofahrers scannen mich von Kopf bis Fuß. Ich glaube, er überlegt, in welcher Sprache er mich ansprechen soll. Ich trage einen riesigen Rucksack auf den Schultern: Das würde keine Russin tun. Dazu habe ich bei neun Grad ein kurzes Kleid an: Das würde keine Ausländerin machen. Ballerinas an den Füßen: Ausländerin. Blaue Kulleraugen: Russin. Keine Wimperntusche: Ausländerin. Dunkelblonder Pferdeschwanz: Russin. Vermutlich entscheidet die vierstöckige Buttercremetorte in meiner Hand – hier ein übliches Gastgeschenk, jedoch gemeingefährlich für ausländische Mägen. Der Mann spricht mich auf Russisch an: »Junge Frau, darf ich an Ihnen saugen?«

Ich bin so baff, dass ich vergesse, Angst zu bekommen. Und wenn ich darüber nachdenke, ist seine Frage durchaus berechtigt: Ich rieche wie eine Bar und aus meinem Rucksack tropft Hochprozentiges. Die Whiskeyflasche und das deutsche Bier – ebenfalls Gastgeschenke – haben den Transport von »Rossiya Airlines« nicht überlebt.

Bekleidet mit meiner einzigen trockenen Klamotte,

friere ich am leeren Taxistand am Murmansker Flughafen. Es ist drei Uhr morgens, aber taghell: Die Sonne geht hier von Mitte Mai bis Mitte Juli nicht unter. Murmansk ist die größte arktische Stadt und eine der nördlichsten Großsiedlungen Russlands.

»War nur ein Spaß. Bin ja am Steuer. Soll ich Sie mit in die Stadt nehmen?« Der Bärtige hat viele Lachfältchen um die Augen und ein Buch des Philosophen Slavoj Žižek auf dem Beifahrersitz. Und es gibt wenig Hoffnung auf ein Taxi. Ich nenne die Adresse, schmeiße den Whiskey-marinierten Rucksack auf die Rückbank, wickele mich in die Decke aus seinem Kofferraum und fange an, meine Geschichte zu erzählen.

Damit breche ich alle Regeln gleichzeitig, die mir mein Vater noch vor wenigen Stunden diktiert hatte: Fremden immer misstrauen. Nicht lächeln. Auf keinen Fall die Wahrheit über meine Reise erzählen. Die Menschen hier würden das nicht verstehen.

Vermutlich hat Papa recht: Ich habe das Gefühl, die einzige Russin zu sein, die Russland bereisen möchte. Muttersprachige Reiseliteratur gibt es kaum, selbst die heimischen Foren empfehlen den englischen Lonely Planet.

»Mit dem Rucksack durch Russland!«, stöhnte mein Vater zum Abschied. »Pah! Du schaffst es nicht einmal bis zu deiner zweiten Station! Du kannst dich nicht vordrängeln! Du kannst nicht brüllen! Du kannst nicht schmieren!« Okay, seine Sorgen sind nicht ganz aus der Luft ge-griffen: Ich habe den Flieger nach Murmansk verpasst. Weil ich mich nicht anstellen könne, behauptet mein Vater. Das Problem fing am Check-in an. Die Frau am Schalter fand mich nicht im Passagierregister und schickte uns zur Kasse, die uns zur Information schickte, die uns zurück zum Check-in-Schalter schickte, der uns wieder zur Kasse schickte.

Jedes Mal stellte ich mich hinten an. Mein Vater packte mich schließlich am Schlafittchen und schob mich direkt zum Anfang der Schlange. Er installierte seine 100 Kilogramm Körpermasse zwischen mir und dem passwedelnden Mob und hielt mit ausgestreckten Armen die Position. Ich zeichnete währenddessen meine Bestätigungsnummer mit dem Zeigefinger in die Luft – denn vor Aufregung und Scham brachte ich russische, deutsche und englische Buchstabennamen durcheinander.

Die Dame an der Kasse blieb unbeeindruckt: »Der Flug ist in drei Minuten weg. Schaffen Sie eh nicht mehr«, stellte sie teilnahmslos fest. »Beschwerden an die Zentrale.« Erst als mein Vater sie anschrie, reservierte sie mir den morgigen Flieger. Dank ein paar weiteren Dezibel buchte sie mich sogar auf den letzten heutigen Flug, dessen Check-in seit zehn Minuten vorbei war. Zu meiner größten Verwunderung klappte das.

Ich habe seit dem Konfliktmanagementkurs in der siebten Klasse verinnerlicht, dass man mit Lautstärke nicht weiterkommt. Ich glaube an Schlangestehen und elektronische Tickets. Ich trinke Wasser aus der Leitung, was kein Russe tun würde. Ich lerne gern Menschen auf der Straße kennen. Bisher hat die Welt ganz gut nach diesen Spielregeln funktioniert. Kriege ich es hin, neue zu lernen?

Ich fühle mich so deutsch, dass ich kaum an meinen russischen Pass denke. Nur wenn ich mich vorstelle, werde ich an meine Herkunft erinnert – weil ich jedes Mal erklären muss, woher mein Name stammt und wie man ihn schreibt.

Als ich nach Deutschland kam, tat ich alles, um zu vergessen, wo ich geboren wurde. Mit zwölf macht es keinen Spaß, anders zu sein. Ich hätte die rechte Hand für einen Nachnamen gegeben, den ich nicht bei jeder Gelegenheit fünfmal buchstabieren muss, und die linke für irgendeine deutsche Stadt als Geburtsort, egal welche, von mir aus auch Bottrop.

Auch später versuchte ich zu vertuschen, dass ich meine ersten Jahre in einem anderen Land verbracht habe. Ich las dreimal »Generation Golf«, weil ich glaubte, dass ich auf diese Weise etwas über die deutsche Kindheit lernen könnte. Ich schrieb Karteikarten, damit ich mitreden kann. »Capri-Sonne«, stand drauf, »Mini Playback Show«, »Wicki und die starken Männer«. Ich habe sogar einmal in meinem Leben »Wetten, dass ..?« angeschaut und mir Stichpunkte gemacht.

Heute ist das Anderssein angesagt. Eine Russin zu sein ist vielleicht nicht ganz so cool wie eine Französin oder Isländerin, aber immer noch weit besser, als ein Mädchen aus Bottrop.

Die Jahre der Verleugnung gingen trotzdem nicht spurlos an mir vorüber. Ich bin ein Tourist in der eigenen Heimat – und ein ziemlich planloser dazu.

Zumindest meine Menschenkenntnis funktioniert noch. Der bärtige Sascha raubt mich nicht aus, sondern schleppt sogar meinen Rucksack zur Wohnungstür von meiner Murmansker Gastgeberin Nastja. Wir kennen einander nicht, meine einzige russische Freundin Anja hat mich an sie vermittelt. Nastja hat schon den Tee aufgesetzt und die Blini, russische Pfannkuchen, warm gemacht. Obwohl es mitten in der Nacht ist, ist sie aufgeblieben, um mich zu empfangen.

Als Nastja mich umarmt, bringe ich meinen üblichen Spruch, um mich vorzustellen: »Hi. Ich bin Wlada. Wie das russische Auto Lada, bloß mit W vorne dran.«

Dann fällt mir ein: Hier muss ich das niemandem erklären.

MURMANSK:
Sushi ist nicht das Problem

Murmansk ist mürrisch. Der Himmel hängt trüb vor dem Fenster, Regentropfen kriechen die Fensterscheibe herunter. Es könnte sieben Uhr sein oder 17 Uhr, vielleicht auch Mitternacht. Der Polartag dämmert vor sich hin, ich auch. Ich wickele mich fester in die Decke und warte auf Nastjas Schritte im Flur.

Über mir hängt ein »Sex and the City«-Poster, unter mir ist ein IKEA-Spannlaken, daneben, auf dem Boden, liegt der Prospekt eines Sushi-Lieferservices. So weit, so nicht ungewöhnlich. Und doch bin ich so aufgeregt wie vor zwölf Jahren, als ich bei Juliane aus der 5c schlafen durfte – zum ersten Mal außerhalb des eigenen Kinderzimmers. Bloß dass mein eigenes Bett diesmal nicht zwei Straßen weiter steht, sondern in fast 3 000 Kilometer Entfernung.

Es ist das erste Mal, dass ich bei einer russischen Freundin übernachte. Als ich klein war, durfte ich das nie – warum sollte das Kind in fremden Betten schlafen, wenn es ein eigenes hat? Erst als wir nach Deutschland zogen, leuchtete meiner Mama die pädagogische Notwendigkeit von Pokémon-Punica-Chips-Marathons ein, die vom gegenseitigen Anmalen mit BRAVO-GIRL!-Schminke gekrönt wurden. Aber da hatte ich schon keine russischen Freunde mehr.

Außer meiner Jugendfreundin Anja hatte ich nach dem Umzug kaum etwas mit jungen Russen zu tun. Als wir in Deutschland ankamen, wachte die Mutter meines Stiefvaters, meine Ersatzoma, mit Adleraugen darüber, dass ich einen möglichst deutschen Umgang pflegte. Die erste Zeit fühlte ich mich deshalb so, als sei ich im Alter von zwölf Jahren plötzlich taubstumm geworden. Ich sah meine deutschen Mitschüler den Mund auf- und zumachen, aber die Laute, die herauskamen, schienen eher wie eine schräge Begleitung zu einem Stummfilm, die ich mir in meinem Kopf zusammengesponnen hatte.

Zu sprechen traute ich mich in der Schule schon gar nicht. Um nicht aus Versehen mein russisches Rrrr durch das Klassenzimmer zu rollen, war ich von 7 Uhr 45 bis 13 Uhr 45 mucksmäuschenstill. Manchmal sperrte ich mich in einer Klokabine ein und sagte leise ein, zwei Worte, nur um herauszufinden, ob ich es überhaupt noch kann.

Russische Freunde waren zwar nicht explizit verboten, aber ich wusste schlicht nicht, wo ich sie herbekommen sollte. Um meine deutsche Integration voranzutreiben, nahmen mich die Erwachsenen nicht zu russischen Veranstaltungen mit. Meine Ersatzoma, die selbst nahe Tula aufgewachsen war, hat mindestens so viel Angst vor den bösen Russen wie ihre deutschen Kaffeekranzkumpaninnen aus der Kriegsgeneration. Sie teilte die drei Millionen Menschen mit sowjetischen Wurzeln, die in Deutschland leben, in genau zwei Kategorien ein: Jogginghosenträger, die mit offenen Autos, aus denen trashiger Russ-Pop dröhnt, um den Block cruisen. Und die, die so tun, als würden sie nicht verstehen, was die Halbstarken ihnen im Vorbeifahren hinterherbrüllen.

Für die Ersatzoma war kristallklar: Wer in Deutschland funktionieren will, muss ein Angehöriger der Kategorie zwei werden – um jeden Preis. Die Instandhaltung meiner russischen Identität nahm sie auf sich. Anstatt meinen russischen Slang mit Gleichaltrigen up to date zu halten, las ich also unter ihrer Aufsicht Bulgakow und lernte Puschkins »Eugen Onegin« auswendig.

Unter meinen russischen Peers fühle ich mich deshalb wie ein Alien: Ich verstehe die Witze nicht und keine popkulturellen Anspielungen, außer denen, die sich auf alte Zeichentrickfilme beziehen. Auf Deutsch kann ich wie ein Seemann fluchen, wenn aber jemand auf Russisch »Scheiße« sagt, bekomme ich rote Ohren. Ich habe ständig Angst, den Russen das Gefühl zu geben, sie würden sich mit einer Zwölfjährigen unterhalten.

»Steh auf, richte dich auf, Arbeitervolk!«, singt Nastja, als sie in mein Zimmer kommt, und ich freue mich, dass ich dieses Zitat aus einem sowjetischen Uraltfilm kenne. Es ist kurz nach zehn. Nastja macht die Blini warm, mit denen sie mich in der Nacht auch schon bewirtet hatte, kocht Buchweizenbrei und setzt den Tee auf.

Im Fast-Forward-Modus bewegt sie sich durch ihre kleine Küche: brät, redet, schneidet, spült, alles gleichzeitig. Ich bin Gast, ich darf nur zugucken und komme mir ein bisschen requisitenhaft vor. Dafür fühle ich mich, als würde ich meine Gastgeberin seit Ewigkeiten kennen und nicht erst seit acht Stunden. Nastja hat warme Nutellaaugen, die sie oft zu schelmischen Schlitzen zusammenkneift. Ihr Gesicht ist eine Bühne für Geschichten, die aus ihrem Mund purzeln: Alles, was Nastja erzählt, illustriert sie mit passenden Grimassen und Geräuschen. Sie ravt durch die Küche, als sie von Murmansker Clubs berichtet; gähnt täuschungsecht, als sie das hiesige Kulturleben anspricht, hinkt bucklig durch den Flur, um ihre alte Nachbarin nachzumachen. Eigentlich wollte sich Nastja nach ihrem Abschluss an Theaterschulen in ganz Russland bewerben, konnte aber ihre Mutter, die in Nikel lebt, nicht allein im Norden lassen. Jetzt verkauft sie tagsüber Funktionsjacken und studiert nachts Psychologie an einer Fernuniversität.

Vor dem Fenster hängt inzwischen ein Regenvorhang. Der Murmansker Juli fühlt sich an wie ein fieser Oktober. Am liebsten würde ich für immer in dieser Küche sitzen und Nastja zugucken. Doch sie nimmt ihre Rolle als Stadtführerin sehr ernst. Sie hatte noch nie jemanden zu Besuch, der nach Murmansk als Tourist kam. Also hat sie sich einen Tag für mich freigenommen und einen minutiösen Tagesplan ausgearbeitet: Kunstmuseum, Heimatkundemuseum, Denkmäler, Bahnhof und Murmansker Hafen, der auch bei minus 40 Grad nicht gefriert.

Kaum aus der Haustür, krempelt der Wind unsere Regenschirme um. Wir kämpfen uns trotzdem durch den peitschenden Regen und durch alle Programmpunkte. Murmansk ist nicht besonders schön. Kastige Plattenbauten reihen sich aneinander, als hätte ein Kind eine Stadt aus Playmobilblöcken gebaut und dazwischen ein paar filigrane Modellkirchen gesetzt. Die Schlaglöcher sind knöcheltief, dreckige Hunde und Katzen streunen umher.

Die Russen haben Murmansk zwischen 1916 und 1917 hochgezogen, um Zugang zum arktischen Ozean zu bekommen. Heute hat die Stadt etwa 300 000 Einwohner.

All das erzählt mir Nastja, während ich ihr durch die Stadt hinterherhechele. Wir machen erst Pause, als wir bei Aljoscha angekommen sind – einem strengen 30-Meter-Koloss, der ganz Murmansk überblickt. Er wurde zu Ehren russischer Soldaten gebaut, die im Zweiten Weltkrieg gefallen sind.

»So jetzt noch der Hafen, dann sind wir durch«, erklärt Nastja. »Für länger als einen Tag reichen unsere Sehenswürdigkeiten leider nicht.«

»Ach, das macht nichts. Ich bin gar nicht so wild darauf. Können wir uns jetzt lieber ein Café angucken oder einen Supermarkt?«

»Du kommst aus Europa hierher, um dir Supermärkte anzuschauen?«

Nastja versteht nicht, wie bei jemandem, der jederzeit ohne Visum nach Mallorca reisen darf, der Wunsch aufkommen kann, seine Ferien in Murmansk zu verbringen. Meine Russlandtour hält sie für eine gute Idee, aber auch für den Beweis der europäischen Übersättigung. Sie versteht nicht, warum man Dinge einfach so sehen will, ganz ohne Erholungsmehrwert. Dass Menschen andere Länder kennenlernen wollen, um etwas über sich selbst zu erfahren, findet sie befremdlich.

Einerseits glaube ich nicht, dass Neugier auf neue Kulturen von Übersättigung kommt. Andererseits verstehe ich, dass es ein Privileg von wenigen ist, über die Weltkugel zu tingeln, um ein bisschen zu sich selbst zu finden. Auch beneide ich Nastja ein wenig darum, dass sie jeden Sommer ohne schlechtes Gewissen am Strand des Schwarzen Meeres brutzeln kann. Sie muss ihren Urlaub nicht mit dem Label »Sinnsuche«, »Bildung« oder zumindest »abgefahren« etikettieren, um ihn vor ihrer Bezugsgruppe zu rechtfertigen.

Wenn ich mir dabei zuhöre, wie ich Nastja mein Leben erkläre, wundere ich mich selbst. Merkwürdig hört sie sich an, diese Welt, in der Laptops dünner zu sein haben als Kopfhörer und der Griff zum Smartphone morgens vor dem Griff zur Zahnbürste kommt. Einer Welt, in der man eigentlich ganz glücklich ist – aber doch ständig unzufrieden – und das größte Problem darin besteht, keine Probleme zu haben.

Ersatzoma hat es geschafft. Ich passe gut in diese Welt rein. Ich würde sogar sagen – ich bin überintegriert. Mein Leben könnte man so skizzieren, wie Medien gern meine Gleichaltrigen zeichnen. Ich habe Irgendwasmitmedien auf Bachelor studiert. Auf meinem Lebenslauf stehen zwei Auslandsaufenthalte und zu viele Praktika. Ich muss ihn oft erneuern, weil ständig neue dazukommen und weil ich meine Adresse in den letzten zwei Jahren viermal gewechselt habe.

In Berlin wohne ich in einem Viertel mit überproportionalem Anteil von Undercuts und Endlosschals, die sich wie ein Möbiusband aus grobem Strick um den Hals schlingen. In meinem Bett, Modell Malm, träume ich recht uniforme Träume von einem Bohème-verdächtigen Leben, in dem trotzdem alle Versicherungen bezahlt sind, und irgendwann später ein alter Bauernhof in Brandenburg.

Manchmal, meistens nachdem ein Leitmedium die nächste Generation ausgerufen hat (Praktikum/Krisenkinder/Prekär/Doof), fürchte ich mich: vor halbseidenen Arbeitsverhältnissen, den eigenen Ansprüchen und dem Hunger nach mehr. Aber es ist ein gemütliches Fürchten. Denn im tiefen Inneren vertraue ich darauf, dass ich dieses Mehr auch bekommen werde – samt Karriere, Abenteuer und einem warmen Nest.

Aber nachdem der Wecker klingelt, mache ich mich über meine Zuversicht, über meine Träume, über alles, woran ich glaube, lustig. Denn schließlich gehört eine spöttische Distanz zur eigenen Welt und zu sich selbst zu meiner Welt dazu.

Nastja hört mir aufmerksam zu. Dann runzelt sie die Stirn und kräuselt gleichzeitig die Nase, sodass ihre Gesichtsbestandteile in die Mitte rutschen wie bei einem niesenden Mops.

»Und du darfst wirklich nicht nach Mallorca?«, fragt sie.

»Doch, natürlich. Aber das macht niemand von meinen Freunden. Das ist zu einfach. Nicht cool.«

»Euer cool hört sich anstrengend an.«

»Ist es auch.«

»Ist das jetzt wieder so ein Satz, in dem du dich über dich selbst lustig machst?«

»Ja.«

»Und jetzt schon wieder! Kannst du das gar nicht abstellen?«

»Jetzt ganz ironiefrei: Ich glaube nicht. Weiß nicht. Vielleicht brauche ich das, um mich gegen das Leben zu immunisieren. Wenn man nichts ernst nimmt, kann auch nichts ernsthaft verletzen.«

»Aber ist doch traurig, so ein Leben, in dem nichts wehtut! Das ist ja eine ziemlich schwere Leichtigkeit.«

Dann schweigen wir. Einerseits weil der Himmel seine Schleusen wieder geöffnet hat und wir zum Taxistand rennen. Anderseits weil ich keine Lust habe, über meine eigene schwere Leichtigkeit zu sprechen oder die leichten Schwierigkeiten oder was auch immer, sondern mir viel lieber Nastjas Leichtigkeit angucke, mit der sie über die Pfützen hüpft. Obwohl sie himmelhohe Absätze trägt, rennt sie schneller als ich. Die Schlaglöcher im Asphalt machen ihr nichts aus. Die helle Pelzumrandung ihrer Kapuze sieht aus wie ein Heiligenschein, was den Eindruck verstärkt, sie würde über ihnen schweben.

Vielleicht ist nicht das Schuhwerk der Unterschied zwischen uns beiden, nicht die Außentemperaturen oder die Art, wie wir Urlaub machen. Auch in Murmansk essen Menschen in meinem Alter Sushi, gucken »How I Met Your Mother«, diskutieren im Supermarkt darüber, ob die Milch 1,5 oder 3,5 Prozent Fett haben soll, und in der Küche über die Ungerechtigkeiten auf dieser Welt und Verbesserungsvorschläge. Bloß dass sie es hier mit ganzem Herzen und nicht nur mit halbem Augenzwinkern machen.

Entfernung nach Berlin: 2071 km
Entfernung nach Murmansk: 123 km
Einwohner: etwa 13000

NIKEL

Никель

Das macht hier Spaß: *Polarlichter, die den Winterhimmel in das Cover eines Fantasy-Buches verwandeln.*

Das nervt: *Durch das Erzbergwerk hat die Natur sich in eine schmutzige Mondlandschaft aus glatzigen Hügeln verwandelt. Wenn der Wind in Richtung Stadt weht, brennen ätzende Schmutzpartikel Löcher in die Regenschirme der Bewohner.*

Das sagt der Reiseführer: *Bösartige Albtraumstadt.*

Das sagen die Einwohner: *„Zuhause" bedeutet, dass man's trotzdem mag.*

Das sagen die Besucher: *Diese sind hier eher selten anzutreffen.*

NIKEL:
Das Nachtleben braucht keine Nacht

Bis ich fünf wurde, lebte ich in Nikel, aber ich habe keine Ahnung mehr, wie es dort aussieht. Google spuckt außer Fotos von qualmenden Schornsteinen nur ein trostloses Video der Indie-Band »White Lies« aus: verschneite Landschaften mit grauen Plattenbauten und noch graueren Menschen. Bei Google Maps kann man Nikel kaum anschauen. Meine Kindheitsfreundin Anja, die bis zu ihrem 17. Lebensjahr in Nikel lebte, hat zwei Erklärungen dafür. Erstens: »Es ist Militärgebiet.« Zweitens: »Es gibt rein gar nichts zu sehen.«

Für mich schon. Ich möchte mir noch mal die Hügel angucken, die ich früher runterschlitterte. Ich möchte Moltebeeren sammeln, die wie orangefarbene Himbeeren aussehen, aber einzeln im Moor wachsen. Ich möchte Preiselbeertee mit Michail und Irina trinken, den Eltern von Anja.

Wenn der Grenzbeamte mich bloß lassen würde! »Nicht *den* da, den *Ausweis*!«, knurrt er, als ich meinen russischen Reisepass vorzeige. Ich erkläre, dass ich keinen Ausweis habe. »Wie? Verloren?« Nein, nie besessen. »Wie geht denn das? Wo sind Sie denn registriert?« In Deutschland. »Ach so. Und was wollen Sie dann hier?« Tourismus, teile ich ihm mit. Der Beamte hebt die Augenbrauen. »In Nikel?« Ja, sage ich leise.

Okay, Nikel ist kein Reise-Highlight. Der Lonely Planet verliert über die Siedlung nur einen Satz: »An evil looking nightmare city.« Und auch Anja meint: »Das Beste an Nikel ist die Grenze zu Norwegen.« Wer kann, geht weg. Von den einst 20 000 Einwohnern im Jahr 1976 sind weniger als 13 000 übrig geblieben, sie arbeiten fast alle im Bergbau.

Ich muss aussteigen. Der Beamte im Wachhäuschen schreibt meinen Reisepass fast vollständig ab, außerdem Adresse und Telefonnummer von Michail und Irina sowie die Daten meines Rückreisetickets. Dann darf ich wieder einsteigen.

Zwei Stunden später bin ich in Nikel. Irina und Michail arbeiten, ich hole die Schlüssel bei den Nachbarn ab, zusammen mit detaillierten Anweisungen, wo ich »Erstes, Zweites, Drittes« finde. So nennt man in Russland Suppe, Hauptspeise, Dessert.

Ich komme aber nicht dazu, mir die Kohlsuppe *Schtschi* und die Zucchinipfannkuchen in den Mund zu schieben, obwohl er sperrangelweit offen steht, wegen der ganzen Bilder, die in der Wohnung hängen. Michail arbeitet als Sprengmeister. In seiner Freizeit malt er mit Ölfarben altrussische Motive auf Birkenrinde, aber auch Landschaften und surreale Bilder, die an Salvador Dalí erinnern. Mein Mund klappt erst zu, als Michail von der Arbeit kommt. Wir essen, dann brechen wir auf, um Nikel zu entdecken.

Ich habe zwei Erinnerungen an die Siedlung. Die erste: Es ist Frühling in Nikel, also Anfang Juni. Ich sitze vor dem Haus und lutsche einen Brocken Butter. Es schmeckt scheußlich, aber ich stelle mir vor, es sei Eis – schließlich hat es eine ähnliche Konsistenz. Echtes Eis darf ich nicht essen, weil ich laut Aussage der Ärzte einen »schwachen Hals« habe. Butter ist erlaubt. Butter kann man zimmerwarm machen, außerdem hat es einen Haufen Kalorien, was Oma freut.

Die zweite Erinnerung: Ich bin vier, meine Mutter erklärt mir, dass sie mir die Legosteine aus dem norwegischen Fernsehen nicht kaufen kann. Ich weine, ich habe Angina, draußen heult *Poorga*, der Schneesturm. Um mich aufzuheitern, spielen wir ein viel schöneres Spiel: Aus Omas Seifenstücken-Vorräten bauen wir Häuser, aus Opas Zigaretten Straßen, und dann bevölkern wir sie mit Mamas Schmuck.

An echte Häuser erinnere ich mich nicht. An meinem alten Wohnblock laufe ich vorbei, ohne es zu merken. Auch unsere alte Datscha erkenne ich nicht. Sie steht tatsächlich noch, wenn auch reichlich wackelig. Früher haben wir hier im August Erdbeeren und Stachelbeeren geerntet. Und Schmetterlinge. In der Ruine hinter der Datscha gab es Myriaden von Zitronenfaltern. Damit sie im Winter nicht erfroren, sammelten meine Mama und ich sie in eine alte Kaffeedose und schmuggelten sie klammheimlich nach Hause. Oma durfte nichts davon merken: Sie hasste die Flügelstaubspuren, die die entwichenen Schmetterlingsschwärme hinterließen.

Ich ärgere mich über meine lückenhafte Erinnerung.

Doch als ich einen Zweig im verwilderten Garten pflücke, überrascht mich mein Gedächtnis. *Mozzhewelnik* flüstert es mir zu – Wacholder. Ich wusste vorher nicht, dass ich solche Wörter kenne.

Nikel ist nicht das Wunderland meiner Kindheit, aber auch keine Albtraumsiedlung. Ich weiß jetzt, dass die drei Schornsteine des Bergbaus keine Wolken produzieren, sondern Abgase. Ich verstehe, warum Oma die Wäsche von der Leine nahm, wenn der Wind in Richtung der Stadt wehte. Ich weiß, dass die Hügel auch deshalb glatzköpfig sind, weil ein großer Teil der Pflanzen dem Bergbau zum Opfer fiel.

Und trotzdem kann ich Nikel nicht hässlich finden. Die Sonne scheint. Wenn man aufdringlich genug lächelt, lächeln die Menschen zurück. Und die Natur außerhalb der Stadt nimmt mir den Atem.

»Was machen die jungen Menschen, die hierbleiben?«, frage ich Michail. »Das, was sie überall auf der Welt tun«, antwortet er. »Lieben, streiten, sich als Mittelpunkt der Welt fühlen, trinken, DVDs gucken, Sonnenbrand bekommen, nicht auf die Alten hören.«

Sonnenbrand? Die Jahresdurchschnittstemperatur liegt in Nikel bei null Grad. Michail scherzt: »Aber klar! Wir hatten auch einen Sommer in Nikel! Nur leider musste ich an diesem Tag arbeiten.«

Der kurze Sommer wird von der ersten bis zur letzten Minute genutzt. Michail zeigt mir den bankähnlichen Birkenbaum, auf dem diese jungen Menschen knutschen, das Sprungbrett und die Tarzanka, eine Art Schaukel über dem Fluss. Vier Jungs spielen Beachvolleyball, um

23 Uhr – es ist ja noch hell. Zwei puterrote Teenager steigen Händchen haltend aus dem Dickicht. »Außerdem hat die Jugend das Pilzesammeln wieder entdeckt«, sagt Michail. »Früher waren sie sich dafür zu cool. Aber seit ein, zwei Jahren sehe ich sie immer mit dem Eimer ins Grüne verschwinden.«

Pavel, Anjas ehemaliger Mitschüler, erklärt mir den Sinneswandel: »Hier wachsen die besten psychedelischen Pilze. Holland kann einpacken!«, stellt er fest und bedauert, dass ich die Ernte im September nicht miterlebe. Pavel ist Ingenieur. Er ist mit Nastja und Anja zur Schule gegangen. Er ist einer der Wenigen, die hiergeblieben sind, wahrscheinlich der Einzige, der in einer Großstadt studiert hat und dann zurückgekehrt ist.

Pavel ist so etwas wie mein allererstes russisches Date. Ich habe zwar einen Freund und er eine Freundin, trotzdem fühlt sich unser Treffen an, als würde er mich ausführen.

»Schön, dich zu sehen«, sage ich, als wir uns begegnen.

»Glaub mir, es ist viel schöner, *dich* zu sehen.«

Pavel holt mich mit dem Auto ab, flirtet dezent, lässt mich nie bezahlen und hechtet zu sämtlichen Türen, um sie für mich aufzumachen. Nastja hat mir erzählt, das es *uchaschivat'* heißt – »jemanden pflegen«, wenn man es wortwörtlich übersetzt. Das soll der Weg zum Herzen eines russischen Mädchens sein – oder einfache Höflichkeitsform im Umgang mit dem »schönen Geschlecht«.

Anja und Nastja haben Pavel beauftragt, mir das Nachtleben zu zeigen. Davon gibt es nicht allzu viel in Nikel, momentan gibt es ja nicht einmal eine Nacht.

Der Club »Oasis« hat Sommerpause, allein die »Weißen Nächte« haben auf – eine Spelunke, in der die Zeit in den Siebzigern stehengeblieben ist. Die Tische haben Spitzendeckchen aus Plastik, das Publikum ist zwischen 18 und 80 Jahre alt. Es ist so laut, dass man nicht einmal die eigenen Gedanken hört. Die Getränke kosten dennoch mehr als in Berlin – das Leben im Norden ist teuer. Ab halb eins tanzen trotzdem alle.

Um eins stolpert ein Mann gegen unseren Tisch und bleibt davor liegen. »Das ist kein gutes Etablissement«, meint Pavel. »Hier kommen nur die her, die saufen wollen.« Und was machen die anderen? »Besuchen sich abwechselnd zu Hause, trinken Bier, arbeiten viel, essen manchmal Pilze, philosophieren, lesen kluge Bücher und nicht so kluge, gucken Tarkowski-Filme und Blockbuster, lieben und streiten sich. Das Übliche.«

MURMANSK-PETROSAWODSK:
Büstenhalter zum Frühstück

Mit jedem Kilometer werden die Bäume ein bisschen höher. Ich fahre in Richtung Süden mit dem Zug, mit dem früher all meine Urlaubsreisen mit den Großeltern begannen: von Murmansk nach Adler, fast 76 Stunden Fahrtzeit bis zum Ziel. Dieser Zug war der erste Ort in meinem Leben, an dem Heimweh sich mit Fernweh mischte.

Auf der einen Seite habe ich mich immer auf die Fahrt gefreut: Ich wusste, jeden Tag werden die Menschen ein bisschen weniger anhaben und ein bisschen strenger riechen, aber dafür weniger streng gucken, weil das Schwarze Meer naht. Auf der anderen Seite – und zwar auf der anderen Seite der Fensterscheibe – winkte aber Mama und formte mit den Lippen letzte Anweisungen, auf Opa und Oma zu hören, und guckte so verloren, dass ich sofort wieder aussteigen wollte.

Heute teile ich das Abteil mit der neunjährigen Mascha und ihren Großeltern. Sie fahren in den Urlaub nach Sotschi – Russlands größtem Kurort in der Nähe von Adler –, ganz wie ich früher. Mascha und ich erörtern, ob die Welt eine bessere wäre, wenn alle Häuser so wären wie russische Schlafwagen: aneinandergereihte Zimmerchen auf Schienen, die man an Loks in alle Richtungen der Welt hängen kann. Wir sind uns schnell einig: Eine perfekte Welt wäre das, solange es den Satz nicht gäbe: »Die Begleitpersonen werden nun gebeten, den Zug zu verlassen.«

Zugegeben: Es wäre auch eine ziemlich enge Welt. Ich habe ein »Coupé« gebucht, ein etwa vier Quadratmeter großes Zug-Zimmerchen mit einem kleinen Tisch und vier Kojen – zwei oben, zwei unten. Das ist so etwas wie die zweite Klasse bei der Bahn. Passagiere der ersten Klasse haben meist nur einen Nachbarn in ihrem Zug-Zimmer. Im offenen Abteilwagen, der billigsten Art zu reisen, gibt es fünf Reisegefährten – und keine Schiebetür, die den Schlafraum vom Gang trennt.

Wir verteilen uns auf die Kojen. Unten lösen Maschas Großeltern Kreuzworträtsel, in den oberen Betten spielen Mascha und ich Karten und reden uns dann in den Schlaf. Nirgendwo auf der Welt schläft man besser und länger als in russischen Nachtzügen.

Erst gegen Mittag wache ich auf und versuche, meine Klamotten unter dem Kopfkissen zusammenzukramen. »Suchst du das?«, fragt Maschas Opa und hält mir meinen BH vor die Nase. »Ist uns runter auf den Frühstückstisch gefallen.« Ich laufe rot an, aber er lacht nur: »Danke fürs Dessert.«

Maschas Großeltern nehmen ihre Erziehungsaufgabe sehr ernst, wie die meisten russischen Großeltern. Sie fahren jeden Sommer mit der Enkelin in den Urlaub und haben sogar eine Wohnung neben der ihrer Tochter gekauft, die alleinerziehend ist. »Wer soll ihr sonst helfen?«, fragt Maschas Oma. »Hier in Russland bleibst du bis zu deinem Lebensende Mutter. Kaum sind deine Kinder aus dem Haus, hängen sie dir ihre Kinder an den Hals.« In Europa sei das ganz anders, lässt Maschas Oma mich wissen: Dort seien Kinder eine Lebensabschnittsaufgabe. »Pflanz einen Baum, bau ein Haus, zieh einen Menschen groß! Irgendwann hast du alles abgehakt und kannst in Ruhe Bücher lesen. In Russland wird man dagegen nie mit dem Eltern-Dasein fertig.« Andererseits: Über die Großelternpflichten zu mosern, gehört zur wichtigsten Großelternpflicht. Schlimmer als Enkel sei laut Maschas Oma nur eins: keine Enkel: »Sonst wird man sofort alt.«

Mir taten jedenfalls alle meine deutschen Freunde leid, die Großeltern hatten, deren Erziehungsarbeit darin bestand, ihnen einmal im Monat einen Zehn-Euro-Schein zuzustecken. Klar, oft ging mir die Gluckenhaftigkeit meiner Omas auf den Geist. Und ihre disziplinarischen Maßnahmen haben mich als Kind einige Tränen gekostet. Die Zugreisen mit ihnen liebte ich aber: Der Zug in den Süden war ein Ort außerhalb der Orte, Alltagsregeln galten hier nicht. Man konnte ungestraft im Bett lesen und krümeln – und das drei Tage lang, wenn man von Murmansk in den Süden fuhr.

Diesmal steige ich aber schon nach 20 Stunden aus, in Petrosawodsk – einer Stadt unweit der finnischen Grenze. Sie liegt in der Republik *Karelien*, am Onegasee, der fast zwanzigmal so groß ist wie der Bodensee. Er ist das zweitgrößte Süßwassergewässer Europas – nur der russische Ladogasee übertrifft ihn an Fläche.

Ansonsten gibt es nicht so viele Superlative in Petrosawodsk. Genau deshalb will ich dort hin. Ich will wissen, wie es in einer russischen Stadt aussieht, die weder besonders groß noch besonders klein ist, weder besonders aufregend noch besonders öde. Eine Stadt, deren Geschichte nicht besonders spannend ist – dafür aber vielleicht die Geschichten der Menschen, die in ihr leben.

Entfernung nach Berlin: 1 619 km
Entfernung nach Nikel: 870 km
Einwohner: etwa 270 000

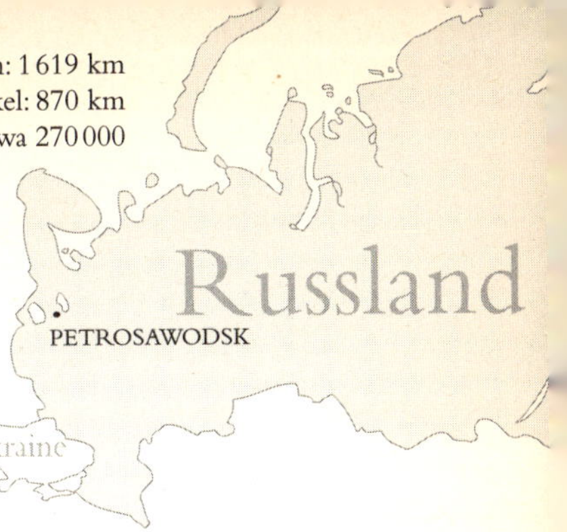

PETROSAWODSK

Петрозаводск

Das macht hier Spaß: Die Uferpromenade am Onegasee, der bei düsterem Wetter aussieht wie ein Quecksilber-Meer. Die Bootsfahrt auf die Insel Kischi. Auf ihr stehen weltberühmte Holzkirchen – angeblich ohne einen einzigen Nagel gebaut.

Das nervt: Partnerstadt von Petrosawodsk ist Neu-Brandenburg. Die Ereignisdichte ist vergleichbar.

Das sagt der Reiseführer: Die kleine Schwester von St. Petersburg.

Das sagen die Besucher: Wenn das stimmt, ist's ein ziemlich unscheinbares Nesthäkchen. Die mit dem guten Charakter, von der die anderen Schwestern sagen, „sie hat etwas" – aber nur weil sie wissen, dass die Kleine keine echte Konkurrenz für sie ist.

Das sagen die Einwohner: Diese sind nicht wirklich gut darin, ihre Stadt zu besingen. 2001 wurde ein Wettbewerb für Text und Musik der Petrosawodsker Hymne ausgeschrieben. Die Jury hörte sich 20 Einsendungen an und beschloss, den Wettbewerb lieber doch zu verlängern. Eine Stadthymne hat Petrosawodsk bis zum heutigen Tage nicht.

PETROSAWODSK:
Flechten klappt, anbandeln noch nicht ganz

Meine Gastgeberin Zhenya sieht aus wie der Frühling aus russischen Märchenbüchern. Sie hat Myriaden von Sommersprossen, sogar auf dem Scheitel. Allen Haargummis zum Trotz stehen ihre rotgoldenen Haare um ihren Kopf wie ein Heiligenschein. Zhenya holt mich direkt vom Bahngleis ab und versucht, meinen Rucksack zu schultern, obwohl sie etwa einen halben Kopf kleiner ist als ich. Wenn sie lächelt, und das tut sie oft, hat sie links ein Grübchen. »Ein Single-Grübchen«, sagt sie. »Zum vollen Glück fehlt gerade ein Gegenpart.«

Zhenya ist 27. Nach sieben Jahren Ehe lässt sie sich gerade von ihrem Ehemann scheiden, der auch Zhenya heißt. Ich lerne ihn gleich kennen, weil wir zu ihm duschen gehen. Nach der Trennung wohnt Zhenya in der Wohnung ihrer Oma, und dort wird im Sommer das warme Wasser abgestellt.

Ich mache mir Sorgen, ob eine fremde Person in einer derart emotional aufgeladenen Umgebung duschen sollte, aber Zhenya winkt ab. »Scheidung hin oder her: Wer kein warmes Wasser hat, dem wird geholfen. « Für

Russen ist die Kaltwasser-Saison eine Gelegenheit, sich mit Familienmitgliedern (die einen Boiler haben) zu versöhnen, Freundschaftsbande enger zu knüpfen und eingeschlafene Bekanntschaften aufzufrischen. Außerdem stehe Gastfreundschaft über allem Ehekrach.

Der »große Zhenya« entpuppt sich wie die meisten bösen Exfreunde als ziemlich netter Kerl. Seine Mutter und sein Vater sind gerade nicht zu Hause. Vor drei Jahren zogen die Zhenyas nach Petrosawodsk, letztes Jahr kamen seine Eltern nach und zogen bei ihnen ein. Für Russland ist das nicht ungewöhnlich. Die Liebe von Zhenya und Zhenya, die ohnehin schon bröckelte, ging aber daran kaputt.

Dabei begann ihre Geschichte wie eine, die man gern seinen Kindern erzählen würde: Als die kleine Zhenya den großen Zhenya trifft, ist sie achtzehn. Sie wohnt in Petrosawodsk, er in Norilsk, über sechs Flugstunden entfernt. Sie lernen sich auf einer Geburtstagsparty in Murmansk kennen. Großer Zhenya hat ein Grübchen rechts, kleine Zhenya eins links. Beide studieren auf Lehramt. Beide mögen die russische Band »Spleen«. Zwei Jahre später heiraten sie. Kleine Zhenya zieht nach Norilsk, »ins Land der purpurnen Flüsse und grünen Wolken«. Die amerikanische Umweltschutzorganisation Blacksmith Institute zählte die Siedlung am Polarkreis in Sibirien schon zu den zehn am meisten verschmutzten Städten der Welt. Zhenya erzählt, dass die Einheimischen scherzen, man solle in Norilsk mit psychedelischen Drogen doppelt vorsichtig sein. Die Realität sei schon verrückt genug: »All die dreiäugigen Echsen, sechspfotigen

Füchse und Regenbogenkröten – sie könnten Halluzinationen sein, genauso gut aber echt.«

Warum sie trotzdem dorthin gezogen ist? »Mit dem Liebsten ist auch ein Zelt ein Palast«, zitiert Zhenya ein russisches Sprichwort. »Zumindest für die erste Zeit«, sagt sie. Und dann: »Manchmal wünsche ich mir, dass es ein Gesetz gäbe, das Zwanzigjährigen verbietet zu heiraten.«

Dabei fasziniert mich diese Entschlossenheit: Du liebst – also heiratest du. Du liebst – also ziehst du nach Norilsk. Du liebst – also versuchst du, alles an dieser Person zu lieben. Sogar die dazugehörige Familie, die bei dir einzieht. Bestimmt ist es unvernünftig, bestimmt geht das nicht gut. Und trotzdem mag ich diese Vorstellung. Wahrscheinlich wegen der naiven Sehnsucht nach einer Liebe, die nicht investiert, die nicht konsumiert, sondern einfach – ist. Wenn ich Zhenya erzählen höre, denke ich: Besser die erste Verliebtheit überstürzen, als nichts in dieser Welt wichtig zu nehmen außer sich selbst.

Am nächsten Morgen hat Zhenya früh Schichtdienst an der Hotelrezeption. Ich fahre auf die Insel Kischi im Onegasee. Die Kirchen auf der Insel gehören zum Unesco-Weltkulturerbe. Sie wurden fast ganz ohne Metall gebaut. Schon von Weitem glitzern die Kuppeln wie Silber, aber das ist nur das verfärbte Espenholz.

Die Insel ist auch ein Freilichtmuseum. Besucher können sich hier angucken, wie Menschen früher lebten. In den Häusern aus dicken Holzstämmen mit riesigen Öfen fühle ich mich heimisch – ich kenne sie aus alten Märchen im Fernsehen. Das Museumspersonal trägt traditionelle Gewänder, stickt, webt, backt und häkelt. Die einzige russische Handarbeitsdisziplin, in der ich glänzen kann, ist Blumenkranzflechten. Darin bin ich geübt – Kränze kann man auf Festivals super gegen Bier eintauschen.

Ich bin mit einer Kreation aus Ähren und Wiesenblumen fast fertig, als mich ein Zimmermann anspricht, der Schindeln für die Kirchenkuppeln schnitzt. »Helle Jungfer, darf ich Ihren Kranz an mich nehmen?« Gratis? Natürlich nicht! Ich habe eine Stunde daran gearbeitet!

Erst später erfahre ich, dass man früher so geflirtet hat: Verschenkt eine Frau ihren Kranz, so verspricht sie sich. Schmeißt sie den Kranz in den See, kann sie herausfinden, ob sie in diesem Jahr noch heiratet. Meiner geht unter wie ein Stein. Soll heißen: wird nichts. Die Reiseführerin lacht: »Wenn du alle so abservierst, wundert mich das wenig.«

Entfernung nach Berlin: 2202 km
Entfernung nach Petrosawodsk: 2075 km
Einwohner: etwa 340000

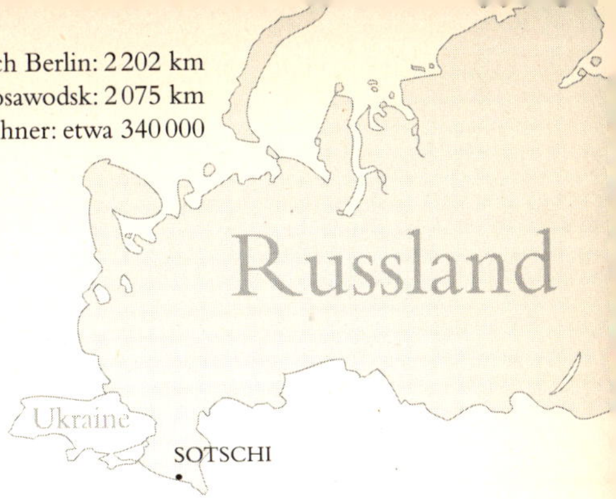

SOTSCHI

Сочи

Das macht hier Spaß: *Das Schwarze Meer, sanft und mollig „wie kuhwarme Milch" – sagt dazu der Russe.*

Das nervt: *Leider hat das Wasser an manchen Stellen die Farbe eines anderen Kuhprodukts. Die Urlauber planschen trotzdem scharenweise in der braunen Brühe. Die ersten 50 Meter im Wasser sind daher ein Schwimm-Parcours mit menschlichen Hindernissen, den man besser mit angehaltenem Atem absolviert, damit sich nichts Unerwünschtes in Nase und Mund spült.*

Das sagt der Reiseführer: *Sommerhauptstadt Russlands.*

Das sagen die Einwohner: *Hoffentlich ist bald Winter, damit wir wieder in Ruhe Provinz sein können.*

Das sagen die Besucher: *Ich bin sehr braun geworden in Sotschi. Nur die rechte Hand blieb weiß – weil ich ständig in die Tasche greifen musste. (Die Preise in dem beliebten Urlaubsort sind exorbitant hoch. Obst ist hier oft teurer als in Sibirien.)*

SOTSCHI:
Sonnentankstelle der Nation

»Schönheit! He, du, Schönheit!«, flüstert die schnurrbärtige Oma und knufft mich leicht in die Rippen. »Kannst du mir mit der Fessel hier helfen?« Ich öffne den Gurt, obwohl über unseren Köpfen die Aufforderung leuchtet, angeschnallt zu bleiben.

Meine Sitznachbarin hüpft vom Flugzeugsitz und stampft Richtung Cockpit, wird aber schon nach wenigen Schritten von einer schwarzhaarigen Flugbegleiterin abgefangen. »Findest du nicht auch, dass es langsam Zeit für ein Abendessen ist?«, fragt die Oma sie.

Entgegen meinen Erwartungen verschwindet der uniform freundliche Gesichtsausdruck der Flugbegleiterin nicht. Im Gegenteil: Auf ihrem von professionellen Lachfältchen durchzogenen Gesicht erblüht ein echtes Grinsen. Ein paar Minuten später erscheint die Flugbegleiterin mit einer dampfenden Box und einem Cognac im Plastikbecher. Meine Nachbarin bekommt ihr Essen tatsächlich vorzeitig serviert, anstatt abserviert zu werden.

»Na, so geht das nicht!«, mahnt die Oma die Flugbegleiterin da noch. »Ich esse nicht gern allein.«

»Sie haben recht, Mama«, sagt diese und nickt höflich.

Schließlich bekomme auch ich mein Abendessen vorzeitig. Wir stoßen auf unser Kennenlernen an, dann erklärt meine Nachbarin in ihrer Reibeisenstimme die komplizierten Verwandtschaftsstrukturen, welche die Flugbegleiterin mit ihrer armenischen Sippschaft verbinden.

Als wir in Adler landen, ist sie noch immer nicht ganz fertig damit: Ihre Familie scheint riesengroß zu sein und ist, wie es aussieht, auch komplett angerückt, um sie vom Flughafen abzuholen. In einem der Autos, zwischen zwei Kindern, dem Schwager zweiten Grades und einer Schwester, finde auch ich einen Platz.

Die Armenier lassen mich an der Bushaltestelle raus, an der ich mit Mischa verabredet bin, und fahren hupend davon. Mischa arbeitet als Fotograf für eine Nachrichtenagentur, ich lernte ihnüber Couchsurfing kennen. Mit seinem Lockenkopf und dem umgedrehten Basecap sieht er aus wie ein Statist in einer amerikanischen Highschool-Komödie.

In Sotschi ist es zehn Grad wärmer als in Petrosawodsk. Jahrzehnte lang war die Stadt eine Sonnentankstelle für die ganze Sowjetunion. Und auch wenn Cluburlaub in der Türkei oder in Ägypten inzwischen sogar billiger ist, ist Sotschi immer noch ein Synonym für Sonne und Urlaub. Zikaden zirpen, irgendwo in der Ferne rauscht das Schwarze Meer. Vielleicht ist es auch die Autobahn.

Mischa schimpft mit mir, weil ich in ein Auto voller Fremder eingestiegen bin. Irgendwie süß: Wir kennen uns gerade fünf Minuten, aber er fühlt sich bereits für mich verantwortlich. Vielleicht ist das typisch für Couchsurfer – Fremden einen Vertrauensvorschuss gewähren und sie schnell am eigenen Leben teilnehmen zu lassen.

Couchsurfer, das sind Menschen, die bei Couchsurfing.org angemeldet sind. Die Seite funktioniert wie eine Suchmaschine: Wer Besuch mag und einen Schlafplatz frei hat, bietet Gästezimmer, Sofa oder Flurboden zum Isomatteausrollen an. Reisende browsen durch die Profile und schreiben potenzielle Gastgeber an, in der Hoffnung, dass sie jemand für ein paar Nächte adoptiert. Profit ist dabei tabu. Bei dem Projekt steht ein Gedanke im Vordergrund: Freude an neuen Freundschaften, sonst nichts. Man muss nicht einmal das eigene Sofa anbieten, um auf einem anderen zu übernachten. Wer keinen Extraschlafplatz hat, kann beispielsweise mit einer Stadtführung dienen oder sich mit Reisenden auf einen Kaffee treffen. Bei meiner Reise bin ich auf solche Instantfreunde angewiesen. Um ehrlich zu sein – in vielen Städten wüsste ich nicht, wie ich sonst so schnell Einheimische kennenlernen könnte.

Über dreieinhalb Millionen Couchsurfer gibt es inzwischen auf der Welt. Die meisten davon in den USA (etwa 800 000) und Deutschland (etwa 350 000). In Russland sind es bisher nur knapp 70 000. Umso herzlicher empfangen sie die Gäste – oder reichen sie sogar an ihre Freunde weiter, wenn es zu Hause gerade eng ist.

Ich schäle mich aus Jacke und Pullover, während Mischa meinen Rucksack schultert. Durch unbeleuchtete

Straßen laufen wir zu Wadim und Nele – Mischas Freunden, auf deren Luftmatratze ich übernachten werde.

Wadim ist Grafikdesigner und Fotograf und trägt alle Insignien seiner Zunft: Dreitagestoppeln, verstrubbelte Haare, gestreiftes Shirt, verträumter, nach innen gerichteter Blick. Nele hat die Figur einer Volleyballspielerin, einen Zopf so dick wie mein Handgelenk und einen ergreifenden Charme, der darin besteht, dass sie gar nicht weiß, dass sie ihn hat. Sie studierte Kulturwissenschaften und arbeitete im Sommer als Ferienlagerleiterin. Dort lernte sie Wadim kennen, der kam, um die Kinder zu fotografieren. Beide sind in Tomsk in Sibirien aufgewachsen. Nele ist nach Sotschi gezogen, um ehrenamtliche Helfer bei den Olympischen Spielen 2014 zu koordinieren. Wadim, weil er Nele liebt.

Die zwei sehen gut aus zusammen. Kein Utzi-Putzi-Pärchen, sondern so eins, bei dem die Liebe in jeder alltäglichen Geste durchschimmert, in jedem Glas Wasser, das ungefragt gebracht wird und in der Eingespieltheit, mit der sie gemeinsame Geschichten erzählen.

Unsere Gastgeber schicken mich und Michail sofort ins Bett beziehungsweise auf unsere Luftmatratzen. Morgen steht uns ein großer Tag bevor: Wir wollen zu einer Forellenfarm in den Bergen wandern.

Michail meckert, dass Wandern vollkommen überbewertet sei, und will lieber aufbleiben. Nach ein bisschen Betteln dürfen wir noch für eine halbe Stunde raus. Auf leisen Sohlen schleichen wir durch den Hof und setzen uns auf eine Treppe. Mischa füllt seine Lunge mit Tabakrauch, ich meine mit der leckersten Luft der Welt, dieser Schwarzmeer-Luft, die nach Magnolien und nach warmem Staub riecht, nach der großen Freiheit des Sommers.

SOTSCHI:
Wo ist die Russin?

Am nächsten Morgen stehen wir früh auf. Doch die Sotschi-Sonne ist schon viel länger wach. Seit Stunden ist sie fleißig am Werk. Als ich den Kopf aus dem Fenster strecke, habe ich das Gefühl, ihn in einen Backofen geschoben zu haben.

Mit der Routine einer erfahrenen Ferienlagerleiterin versammelt uns Nele in der Küche, verteilt den Proviant für das Picknick und Sonnencreme auf unsere Schultern. Bevor wir aus dem Haus gehen, kriegen wir alle Basecaps aufgesetzt, damit wir keinen Sonnenstich bekommen. »Sotschi 2014« ist darauf in der offiziellen Optik der Winterolympiade gedruckt. Sie wird in den Hallen der Stadt und im benachbarten Skigebiet »Krasnaja Poljana« ausgetragen.

Ich zögere zunächst, das Käppi aufzusetzen. Die Olympiade ist hier nicht unumstritten. Manche Russen sehen darin ein wichtiges nationales Projekt, das das Russlandbild aufwerten wird. Andere beklagen eine überteuerte Eigenkampagne der russischen Regierung und die Großkotzigkeit, eine Winterolympiade in einem

Sommerkurort in den Subtropen zu veranstalten. Sotschis Ureinwohner hegen einen Groll, weil einige wegen des Stadionbaus umgesiedelt werden mussten; die Urlauber fürchten, die Preise in Sotschi nicht mehr bezahlen zu können. Doch die Angst vor der Mittagssonne und davor, Nele zu beleidigen, ist größer als die vor schiefen Blicken im Bus. Ich ziehe mir die Kappe ins Gesicht und marschiere mit den anderen los.

Eine Dreiviertelstunde lang tuckern wir in die Berge mit einer staubigen *Marschrutka* – einem kleinen privaten Linienbus. Niemand guckt uns schräg an. Vermutlich sind unsere Mitfahrer zu sehr mit der Aufrechthaltung der lebensnotwendigen Körperfunktionen in dem klimaanlagenlosen Bus beschäftigt.

In den Bergen angekommen, versuchen wir auf der Karte den Pfad zu der Aussichtsplattform zu finden, aber das ist nicht nötig – eine Spur aus Bierdosen weist uns den Weg. Wir schaukeln auf einer Hängebrücke über ein Bergflüsschen und besteigen im Gänsemarsch den Berg. Die Aussichtsplattform besteht aus ein bisschen festgetrampelter Erde mit noch mehr Glasflaschen. Ich beschirme meine Augen mit der Hand und gucke in die Ferne. Die Nadelbäume unter uns sehen aus wie Moos, in dem sich eine graue Blindschleiche schlängelt, die Autobahn.

»Und, siehst du sie von hier aus? Deine Identität?«, witzelt Michail. Das ist der Running Gag des Ausflugs. Anfangs protestierte Michail dagegen, ziellos durch die Hitze zu stampfen. »Das einzig Gute am Wandern ist, dass man gesellschaftlich akzeptiert in die Wildnis pinkeln darf«, sagte er. Darauf proklamierte Wadim: »Das ist keine ziellose Wanderung! Das ist eine Expedition zur Findung von Wladas nationaler Identität! Dafür ist sie schließlich hergekommen.«

Gruppendynamik verlängert die Lebensdauer jedes Sparwitzes, indem sie aus ihm einen gemeinschaftsfördernden Insider macht. Und so guckten wir bei jeder Pause in Gebüschen und unter Steinen nach und riefen: »Hast du sie schon?« Wann auch immer einer schlappmachte, trieben ihn die anderen an: »Gib nicht auf! Auf dem Gipfel finden wir die Identität bestimmt!«

Auch diesmal hebe ich demonstrativ ein paar Glasflaschen hoch und schaue sogar hinter einem Baumstamm nach. Aber dort wächst nur ein Fliegenpilz neben einer weiß Gott wie dorthin gekommenen Kindersocke.

»Nein, nirgends«, erkläre ich. »Habt ihr sie vielleicht?«

»Wenn wir nur wüssten, wonach wir suchen«, meint Nele.

»Jetzt mal Spaß beiseite«, sagt Wadim. »Ich denke schon seit zwei Stunden darüber nach, wie diese Identität aussehen könnte. *Matroschkas? Balalaikas?* Solcher Krempel steht bei niemandem zu Hause herum, höchstens in Souvenirshops. Wodka? Nele und ich trinken zum Beispiel überhaupt gar keinen Alkohol. Fleischbuletten? Wir sind Vegetarier und trotzdem Russen.

»Wenn man dich nach deiner Nationalität fragt, sagst du dann Russin oder Deutsche?«, will Michail wissen.

»Ich sage: Ich lebe in Deutschland, habe aber einen russischen Pass.«

»Na, der Pass macht noch keinen Russen aus«, stellt Nele klar. »Identitäten aus Papier halten nicht lang.«

Wenn nicht der Pass, was dann? Wir versuchen russische Merkmale aufzuzählen. Großzügigkeit? Trinkfestigkeit? Die unergründliche russische Seele? Über seine Identität zu sprechen, ist ungefähr so einfach wie über den eigenen Hinterkopf. Man weiß – er ist da. Man sieht ihn aber nicht, sondern hört davon höchstens von anderen.

Als wir nach Deutschland gezogen sind, hielt ich mein Russisch-Sein für etwas recht Unangenehmes und Unheilbares, mit dem man sich abzufinden hat wie mit einem zu kurzen Bein. Zum größten Teil lag es natürlich daran, dass das Anderssein unter Elfjährigen keinen Spaß macht. Die 5c, in die ich nach dem Umzug gesteckt wurde, obwohl ich in Russland schon die siebente Klasse besuchte, hatte außer mir nur sieben Mädchen. Vier von ihnen waren wunderschön. Sie hießen Nicole oder Jeanette, trugen Plateauschuhe, bauchfreie Tops und ihr Haar mit getönten Spitzen zum Pferdeschwanz gebunden. Jede der vier hatte ein Federmäppchen mit ihrem Lieblings-Spicegirl drauf. Emma, Ginger Spice, Victoria und Mel C zierten ihre Schulbänke und als Abziehtattoo die Gegend um den Bauchnabel rum. Die Stelle von Mel B war noch zu besetzen. Zum Bedauern der vier war das Kandidatinnenangebot der 5c äußerst kärglich. Zur Auswahl standen: Ich, die Russin. Die dicke Anna* (* Namen geändert). Denise, die immer nach Pups roch. Und Jule. Sie hatte keine Arme, sondern nur kleine Fingerchen dort, wo die Schultern sind. Warum, habe ich mich nie zu fragen getraut.

Letztendlich durfte Denise ein Mel-B-Mäppchen kaufen. Ich verstand: Russin zu sein war vielleicht weniger schlimm als »armlos« oder »dick«, aber schlimmer als Dauerblähungen.

Noch mit siebzehn schämte ich mich für meinen russischen Pass und wollte unbedingt eine standardisierte Plastikidentität: den Führerschein. Deshalb quälte ich mich zwei Jahre durch die Fahrschule, trotz einer fast schon pathologischen Furcht vor dem Straßenverkehr. Eine Leitplanke, die Nerven von drei Fahrlehrern und ein Huhn, das sich auf den Verkehrsübungsplatz verirrt hatte, mussten bluten, damit mein russischer Pass beim Bierholen und beim Weggehen in der Schublade bleiben durfte.

Nach zwei durchgefallenen Prüfungen wurde mir der Führerschein doch noch ausgehändigt. Hinterm Lenkrad habe ich seither nie wieder gesessen. Die Plastikkarte benutzte ich nur zum Ausweisen. Ein paar Jahre später habe ich sie verbummelt und erst Monate später den Verlust bemerkt.

Inzwischen macht mir der russische Pass nichts mehr aus – außer an Abenden, an denen ich ein Täschchen mitnehmen muss, weil er nicht in die Hosentasche passt. Heute ist es ja ziemlich in, Ausländer zu sein. Das Anderssein ist zu einem Wert geworden. Mir wurde das Geschenk bewusst, eine Sprache, eine Kultur einfach so, umsonst, bekommen zu haben. Was früher Stigma war, ist heute positiv belegt, ein Alleinstellungsmerkmal.

Was genau macht dieses Russisch-Sein nun aus? Ist es der Buchweizenbrei meiner Kindertage, den ich immer noch am liebsten zum Frühstück esse? »Krieg und

Frieden« in meinem Bücherregal? Der Zwang, jeden oberflächlichen Small Talk in philosophische Untiefen zu ziehen? Ist es mehr? Gibt es eine gemeinsame Idee, die alle Russen verbindet?

Dass Wadim, Nele und Michail diese Frage nicht beantworten können, liegt vielleicht daran, dass auch sie aufgewachsen sind, ohne besonders stolz auf ihr Made-in-Russia zu sein. Wir sind in der Sowjetunion geboren. Als wir klein waren, gab es statt Nationen eine gemeinsame Idee, zumindest offiziell. Es gab keine Ukrainer, keine Georgier, keine Russen – es gab Genossen, Freunde, Gleichgesinnte.

Nach dem Zerfall der Sowjetunion gab es plötzlich sehr wohl Russen, die eine Nationalität hatten und in einem Land namens Russland wohnten. Doch weder Gorbatschow noch Jelzin trieben die nationale Idee stark voran. Und das Volk kümmerte es nicht besonders. Es gab wichtigere Dinge: Markenjeans, Inflation, Arbeitslosigkeit. Laut Viktor Pelewin, der den Kultroman »Generation P« (P = Pepsi) schrieb, war Russland in den Neunzigerjahren viel zu sehr mit ausländischen Brands beschäftigt, als dass irgendwer sich um einen »Brand« für das eigene Land hätte kümmern können.

Unter Putin wurde die Liebe zum Vaterland propagiert. Plötzlich liefen im Fernsehen Werbespots über weite heimische Ährenfelder, dichte Wälder und rotbackige russische Kinder. Die Marken hießen auf einmal »Russischer Frost« und »à la Russe«, überall schossen Fast-Food-Ketten mit nationalen Gerichten wie zum Beispiel »Sibirische Blini« aus dem Boden.

Wadim und Nele belächeln das Ganze ein bisschen. Zwar gefiele ihnen die Idee, dass alle in Russland etwas Gemeinsames haben: die Ömchen, die jeden Tag entscheiden müssen, ob sie Weißbrot kaufen oder das billigere Schwarzbrot; und Oligarchen, die sich überlegen, welcher Fußballverein als Nächstes ihrer sein wird; der Manager aus Moskau und der Teenager von der Insel Sachalin. Trotzdem halten viele meiner Altersgenossen die nationale Idee vordergründig für einen kostenlosen Motivator für die Massen, die damit die Härten des russischen Alltags ohne zu murren ertragen.

»Was verbindest du mit dem Wort Patriot?«, frage ich.

»Reimt sich auf Idiot«, sagt Michail. »Bist du ein Patriot?«

»Wer – ich?«

Eine seltsame Frage an eine, die noch vor zehn Jahren auf keinen Fall mehr Kolosowa heißen wollte, sondern sich überlegte, den deutsch klingenden Nachnamen ihres Stiefvaters anzunehmen.

Ein Patriot ist jemand, der sein Land liebt, der sich damit identifiziert. In Psychologie-Seminaren an der Uni habe ich gelernt, dass Identität die Summe meiner Eigenschaften ist, die mich von anderen Menschen unterscheidet. Ein Teil davon ist die nationale Identität: die Menge der Merkmale, die alle Deutschen oder alle Russen gemeinsam haben und die das Gefühl der Zugehörigkeit zu einer Gruppe ausmacht. Identität kommt vom lateinischen Wort »idem«, was »derselbe« oder »der Gleiche« bedeutet. Ich war aber nie »die Gleiche«. In Russland war ich russisch, in Deutschland war ich deutsch. »Zwei

Herzen schlagen in deiner Brust«, singt die deutsche Band Klee, frei nach Goethe. »Zwei Herzen, nur nicht im selben Rhythmus.« Welche Identität hatte ich dann? Gar keine?

»Ich denke schon, dass ich ein Patriot bin. Also im Sinne von: Ich liebe das Land, in dem ich geboren wurde. Mir wird es warm ums Herz, wenn ich die russische Sprache höre. Meine schlimmsten und schönsten Träume sind immer auf Russisch«, erkläre ich. »Ich fühle mich manchmal russisch. Und manchmal fühle ich mich deutsch. Ich bin deutschrussisch. Ich bin russischdeutsch. Und ich bin ich.«

»Mission completed«, witzelt Wadim. »Ich glaube, wir haben unser Ziel gefunden.«

SOTSCHI:
Eiszeit am Schwarzen Meer

Im Winter ziehen Vogelzüge in den Süden, im Sommer Personenzüge. Hunderttausende Russen fahren zwischen Mai und Oktober ans Schwarze Meer. Ich selbst war elf Mal hier, jeden Sommer meiner Kindheit verbrachte ich in Sotschi, meist mit meinen Großeltern väterlicherseits, bei der immer gleichen dicken Vermieterin, die uns für ein paar Wochen ihr Schlafzimmer überließ.

Früher ging Urlaub ungefähr so: um sieben Uhr aufstehen, wenn die Sonne noch nicht so heiß ist, halb verschlafen auf Opas Schultern zum Strand reiten, rennen, rennen, hinfallen, rennen, dazwischen Omas Brote essen und Meergläschen sammeln – kaputte Flaschen, die von den Meereswellen glatt geleckt worden waren. Punkt 11 Uhr 30 gab's Mittagessen, danach drei ewige Stunden Mittagsruhe. Erst um 16 Uhr durfte man wieder zum Strand, eine Sonnenbrandvorkehrungsmaßnahme. Abends mussten trotzdem alle mit saurer Milch eingerieben werden: Meine bleichhäutigen Großeltern aus Nikel bekamen im Rest des Jahres kaum Sonne zu sehen und verbrannten sofort, Sonnencreme benutzte damals kaum jemand.

Das Schönste war, abends von Opas Rücken handgroße, durchsichtige Hautstücke abzuziehen, die ich heimlich sammelte, um meiner Billig-Barbie mit unknickbaren Beinen etwas anderes zum Anziehen zu nähen als immer nur Kleider aus alten Socken. Gutes Benehmen wurde abends mit einem (und nur einem!) Eis in der Riviera belohnt - einem Erholungspark und der wichtigsten Flaniermeile in Sotschi. Ich überlegte mir seit dem Aufwachen, welches ich auswählen würde. Die Vorfreude auf diesen Tageshöhepunkt linderte sogar das Kratzen des hart gestärkten Sonntagskleides auf meiner trotz aller Vorsichtsmaßnahmen sonnenverbrannten Haut.

Eigentlich sieht die Welt für Kinder viel bunter aus als später für Erwachsene. Umso mehr überrascht es mich, wie schillernd mir die russische Riviera auch heute noch vorkommt: Hüpfburgen reihen sich an Autoscooter und Eisbuden, daneben steht ein Pool, in dem in durchsichtige Plastikkugeln gesperrte Kinder herumrollen. Ich bin mir sicher, wäre das alles schon früher da gewesen: Ich wäre gestorben vor Glück.

Michail sagt, das sei alles nur Schein. Glitzerstaub im »Sowok«. *Sowok* ist eigentlich ein Kehrblech und uneigentlich die Bezeichnung für die Überreste der Sowjetunion, alles Gute und Schlechte, was sich in dieser Welt in den 69 Jahren angesammelt hat: Sauerstoffcocktails zum Beispiel – ein paar Löffel Sirup, die mit O^2 zu riesigen Schaumgetränken aufgeschlagen werden. Oder *Stolowajas* – Kantinen mit Selbstbedienung, in denen man zwar kein Servicelächeln bekommt, dafür 5000 Kilokalorien für weniger als drei Euro. Oder Sanatorien: Heilstätten mit

Vollpension und allerlei gesundheitsfördernden Schnickschnack und Anwendungen, von denen der Sauerstoffcocktail noch die nachvollziehbarste ist.

Laut Michail ist Sotschi ein »Museum des Sowoks«. Früher war die Stadt ein Kurort für das Arbeitsvolk. Wer in Sotschi Urlaub machte, hatte meistens einen Ferienscheck von seinem Betrieb für eines der Sanatorien bekommen oder mietete sich bei den Einheimischen ein, wie meine Großeltern. Die Sanatorien und die Untermietwirtschaft blieben bis heute bestehen. Die Alten kommen immer noch aus Gewohnheit hierher, selbst wenn die Stadt nach russischen Standards teuer ist. Auch Nostalgiker machen in Sotschi Urlaub, die Patrioten, oder die, die das Ausland fürchten – oder es inzwischen satt haben.

Nach meiner Erinnerung ist Sotschi der schönste Ort der Welt. Laut Lonely Planet ist Sotschi das »Miami Russlands« – auch hier gibt es staubige Palmen, schillernde Stadtstrände und gesichtslose Wohngebiete an der Peripherie.

Die Wahrheit über Sotschi ist eine Mischung aus den drei Versionen. Sotschi ist Sowok und Wunderwelt, der größte Kurort Russlands und »die Perle am Schwarzen Meer«. Kentucky Fried Chicken und Baskin-Robbins gibt es hier, aber auch ein »ewiges Feuer« – eine immer lodernde Gasflamme zu Ehren der gefallenen Helden des Zweiten Weltkriegs. Slushies in schrillen Farben werden neben dem riesigen Lenin-Mosaik verkauft, das mir früher das komplizierteste Puzzle der Welt zu sein schien.

Die Touristen sind selten westlich, das Preisniveau hingegen schon. Außer Englischkenntnissen gibt es hier alles, was ein verwöhnter Europäer oder Amerikaner im Urlaub brauchen könnte: Gucci und Frappuccino, Pho und iPhones, 3D-Filme und silikongepolsterte D-Körbchen. Mit öffentlichem Internet wird es allerdings schwieriger. »Entschuldigen Sie bitte, haben Sie Wi-Fi?«, erkundige ich mich in einem Café mit komplizierter Kaffeemaschine, ausgeklügeltem Innenraumdesign und einer Bedienung mit kompliziert verfranster Frisur – eigentlich einem sicheren Indikator für Internetzugang.

»Wei was?«

»Na Wi-Fi, also …«

»Hab ich doch gleich gesehen, dass du Ausländerin bist. Nee, für Vegetarier wie euch haben wir nichts, versuch's bei McDonald's.«

Der riesige McDonald's hat tatsächlich kostenloses Internet, bloß nicht in diesem Moment – Stromausfall. Anderseits: Wer braucht schon Internet in Sotschi? Kinder kreischen, Hunde bellen, Magnolien blühen. Das Feriengefühl ist genau dasselbe wie vor zwölf Jahren. Bloß dass ich ohne großelterliche Disziplinierungsmaßnahmen den Spaß überdosiert habe. Das Unterhaltungsprogramm, das früher für drei Wochen reichen musste, habe ich an einem Tag abgearbeitet: Bootstour, Karussell, Delfinarium im Nachbarstädtchen Adler … Und Eis gibt es nicht nur nach dem Abendessen, sondern auch zum Frühstück, zum Mittagessen als Vor-, Haupt- und Nachspeise. Opa und Oma sind ja nicht da, um mich davor zu warnen, dass zu viel Süßes »den Po zusammenkleben« könnte.

Russisches Eis ist das beste Ding seit Erfindung aller Dinge. Es ist weniger süß als ausländisches, dafür viel fettiger. Die Russen essen Eis am liebsten draußen, bei Sommerhitze, aber auch bei minus 20 Grad. Rund ums Jahr stehen Tiefkühltruhen auf der Straße, aus denen wuchtige Damen in Schürze einzeln verpackte Portionen hervorzaubern.

Eishits von 2011 waren die Geschmacksrichtungen »Mochito« und »Käse«. Bier-Eis oder Eis mit Wodkazugabe habe ich zwar noch nicht probiert, aber zumindest schon mal gegoogelt. Doch die wahren Verkaufsschlager sind Sorten, die sich schon in der Sowjetunion etabliert hatten: *Stakantschick* – Sahneeis im Waffelbecher oder *Plombir* – Rahmeiscreme mit vielen Eiern. Beliebt ist auch *Eskimo* – schokoladenüberzogenes Eis am Stiel, dessen Name eine Abkürzung von Eskimos-Schnittchen ist.

Westliches Eis, womöglich auf pflanzlicher Basis, findet nur wenige Fans. Auch Softeis und kalorienarme Sorten sind bisher kaum konkurrenzfähig. Ausländische Marken etablieren sich nur langsam. Und jeder Russe schwört, dass das Eis früher besser geschmeckt hat.

Ich vermute, es liegt daran, dass die Faszination für Eis mit dem Alter abnimmt. Doch die Eisverkäuferin, die mir heute mein sechstes Eis verkauft, hat da eine ganz andere Theorie. Sie glaubt, dass sowjetisches Eis nicht nur ein Nachtisch war, sondern ein wichtiges ideologisches Mittel. Sogar Soldaten an der Front sollen Plombir bekommen haben. Eis galt als das demokratischste aller Vergnügen, als ein für alle erschwingliches süßes Leben, das nirgends so gut schmecken kann wie in der Heimat.

Spaßerschöpft, mit heißem Kopf und kalter Zunge, breche ich zum letzten Spaßpunkt meines Programms auf: Sotschis Dendrarium – dem berühmten Botanischen Garten mit exotischen und heimischen Pflanzen, einer Seilbahn, einem Straußengehege und einer Schmetterlingsfarm.

Hier hat das Wort »schmetterlingsleichte Existenz« noch eine Bedeutung. Abgetrennt vom Park mit einem Netz leben hier verschiedenste exotische Schmetterlinge ein kurzes, glückliches Leben. Sie schlüpfen im Gehege, finden hier einen Partner und feiern rauschende Partys mit vergorenem Obst, das Forscher hier auslegen, um sie besser beobachten zu können.

Die alkoholisierten Schmetterlinge schlafen dann direkt auf den dunklen Bananen ein oder flattern in schiefen Bahnen durch das Gehege, fremdeln nicht mehr mit den Besuchern, sondern machen sogar Nickerchen auf ihren Schultern oder suchen sich ein stilles Eckchen, um Schmetterlingsbabys zu machen.

Ich setze mich auf eine Bank und denke darüber nach, ob die Schmetterlinge am nächsten Tag wohl einen satten Kater haben. Leben sie überhaupt so lang? Wäre das nicht ein ziemlich guter Lebensentwurf – eine tagelang währende Party, deren üble Konsequenzen man nicht mehr erlebt? Dann döse ich ein wie ein satter, sonnenbräsiger, spaßüberfressener Schmetterling.

SOTSCHI-ODESSA:
Ich wurste mich

Der Schaffner hämmert an die Tür meines Zugabteils. Er fragt, wer hier gerade sterbe – es höre sich so furchteinflößend an. »Nur ich«, winsele ich und übergebe mich zum sechzehnten Mal.

Ich fahre von Sotschi nach Odessa in der Ukraine – eine Reise, die 44 Stunden dauert. Drei davon habe ich bereits mit dem Kopf in einer Plastiktüte verbracht. Ich habe eine Lebensmittelvergiftung. Oder eine Magen-Darm-Grippe. Vielleicht auch Ehec. Oder alles zusammen.

In Sotschi war die Welt noch in Ordnung. Ich kaufte auf dem Markt Essen für die Fahrt, aß Wassermelone und frühstückte mit Wadim und Nele. Dieses Frühstück erlebe ich gerade noch mal in umgekehrter Reihenfolge. Ich bin ein einziger Output. Die Wassermelone schießt aus mir heraus wie aus einem kaputten Getränkeautomaten. Ich bin mir sicher: Ich komme nie in Odessa an. Der Schaffner hat Mitleid: »Soll ich Ihnen etwas holen?«

Mama, will ich sagen. Wenn das nicht geht, bitte einen Rettungshubschrauber. »Wasser«, hauche ich. »Aber abgepacktes!« Diese Vorsichtsmaßnahme kommt wohl verspätet. Bisher stürzte ich mich furchtlos auf die russische Küche. Leitungswasser abkochen? Papperlapapp! Frittierte *Piroggi*, die Omas am Strand verkaufen? Her damit! Hering unter Pelzmantel? Ich kann das. Ich habe einen russischen Magen.

Das Einzige, was mein Magen nicht kann und nie können wird, ist *Borjomi*. Das Mineralwasser wurde in der Sowjetunion »Georgisches Vichy« genannt und soll so ziemlich jedes Wehwehchen heilen. Vom Geschmack erinnert es an eine kohlensäurehaltige Suppe aus einer Mineralienlampe, gewürzt mit einem halben Kilo Backpulver. Auch nach drei Tagen in der Wüste könnte ich es nicht trinken. Borjomi schmeckt wie ein Thermalbecken.

Borjomi ist aber das einzige Wasser, das der Schaffner anzubieten hat. Bis zum nächsten Halt dauert es noch zwei Stunden. Also trinke ich warmes Borjomi. Und übergebe mich. Ich bin ein mineralhaltiger Geysir.

Dann, die Rettung: Der Schaffner kommt mit einem Glas stillen Wasser. Es schmeckt rostig und abgestanden, aber das ist egal. Ich stürze es hinunter und frage, wo er das her hat. Der Schaffner zeigt mir eine verbeulte Plastikflasche mit einem verblichenen Cola-Etikett. »Wird dir guttun. Es ist heiliges Wasser, das habe ich an Ostern in der Kirche segnen lassen.«

Zwei Stunden später steigt ein tief gebräunter Bursche in mein Abteil. Er hat ein quadratisches Kreuz und ein rundes Gesicht. Alles an ihm strotzt vor Kraft, Lebensfreude und Gesundheit. »Blut mit Milch«, sagt man in Russland dazu. »Was ist denn mit dir los? Hast du dich gestern zu gut erholt?«, fragt er und schnippt sich mit den Fingern gegen den Hals – in Russland ein Zeichen für Alkohol. Erholen – *otdichat* – ist eines dieser russischen Wörter, das je nach Kontext alles heißen kann: vom Waldspaziergang bis zum Saufgelage. »Ich sterbe hier bloß ein bisschen«, erkläre ich und kotze zur Veranschaulichung heiliges Wasser.

»*Boris Borisowitsch*«, stellt er sich vor. Ich bin überrascht über so viel Formalität – wir sind ungefähr gleich alt, und außerdem hat er gerade mein Innerstes gesehen. Ich tue es ihm aber gleich und stelle mich mit Vatersnamen vor: »Wladislawa Wladislawowna.«

Boris arbeitet beim Rettungsdienst auf der Tschukotka und macht am Schwarzen Meer Urlaub. Er holt eine Flasche stilles Wasser und eine Handvoll Medikamente, von denen ich kein einziges kenne. »Fieber?«, fragt er und platziert seine Lippen an meine Stirn. Keine Anmache, so misst man in Russland Fieber. Außerdem glaube ich kaum, dass er einen Kotzvulkan küssen will.

»Trink! « Boris hält mir eine seltsame weißliche Suspension vor die Nase und eine schwarze Pille. Ich habe keine Ahnung, was das ist und was es mit mir macht. Ich drehe den Kopf weg. »Na los, du bist nicht fünf Jahre alt«, fordert er mich auf. Um ihm das Gegenteil zu beweisen, fange ich an zu weinen. Ich habe kein Handynetz, keine Würde, keine Verbindung zu Mama oder zu Google und lasse mir unbekannte Medikamente von einem unbekannten Muskelprotz einflößen. Ich will nach Hause, wo auch immer das ist: in meiner WG in Berlin, bei Mama in Ulm, bei Papa in St. Petersburg oder überall dort, wo ich Zugang zum Internet habe.

In Rostow am Don halten wir an. Boris fragt, wie man meinen Zustand in Deutschland behandeln würde. Ich versuche ihm das Konzept der Salzstangen zu erklären. »Kapiert!«, sagt er und bringt fünfzehn Minuten später einen Nachschub an Kotztüten und ein Päckchen *Suchariki* – getrocknete Brotwürfel, die es in Russland in Hunderten Sorten gibt. Boris hat sich für die Geschmacksrichtung »Sülze mit Meerrettich« entschieden.

Es wird dunkel. Ich erzähle Boris von meinem Freund, er mir von seiner Ehefrau. Dann bringt er mir russischen Slang bei: »Das Gehirn pudern« – jemanden in die Irre führen. »Mädchen kleben« – Frauen anbaggern. »Sich wursten« – exzessiv feiern oder unter Drogeneinfluss stehen oder Entzugserscheinungen haben. Ich lache so sehr, dass ich mich wieder übergeben muss. Ich habe soeben einen Witz verstanden, den mir meine russische Freundin Anja vor einem halben Jahr erzählte: »Was macht ein Schwein in einer Fleischfabrik? Es wurstet sich.«

Sechs Tüten später hören wir die Band Beach House, bis mein MP3-Player stirbt. Danach hören wir Radio, aus dem furchtbare russische und ukrainische Popsongs dröhnen. Boris summt mit und fragt mich bei jedem neuen: »Kennst du den? « Ich kenne keinen einzigen.

Als das Radio abgestellt wird, singen wir Kinderlieder. Kinderlieder kenn ich. Als Refrain wimmere ich vor mich hin, Boris streicht mir mit seiner Schmirgelpapierhand über die Stirn, als würde er sie abschleifen wollen. Ich wehre mich nicht. Unsere Leben haben absolut nichts gemeinsam, außer der Nummer des Zugabteils.

Und trotzdem fühle ich mich verstanden und gut aufgehoben. Wir stimmen ein Kinderlied über orangefarbene Sonnen an, unter der orangefarbene Mamas und orangefarbene Kinder orangefarbene Lieder singen. Ich frage mich, ob sowjetische Liedermacher synästhetische LSD-Erfahrungen hatten, dann schlafe ich ein und träume wirr von ukrainischen Grenzkontrollen und Kaviar aus der Tschukotka.

Als ich am nächsten Morgen aufwache, ist Boris nicht mehr da. In seiner Koje liegt eine dicke Frau und löst Kreuzworträtsel. »Die Heimatstadt der Beatles, neun Buchstaben?«, fragt sie anstatt eines Guten Morgens. »Liverpool?«, sage ich. »Wo ist Boris Borisowitsch?« – »Welcher Boris Borisowitsch? Ich bin Alexandra Alexeewna. Ihr Nachbar musste an der Grenze aussteigen, weil er illegal sechs Kilo Kaviar einführen wollte.« Ich wundere mich über nichts mehr.

»Hier, er hat Ihnen auch ein Geschenk hinterlassen«, teilt Alexandra mir mit und reicht mir eine Plastiktüte. Darin ist keine Adresse, keine Visitenkarte. Nur weitere Plastiktüten.

Ich habe noch 18 Stunden zu fahren.

PS:

Boris Borisowitsch treffe ich in der darauffolgenden Nacht doch noch wieder. Bei einem Halt in einem ukrainischen Ministädtchen gehe ich auf den Bahnsteig, um eine Flasche Wasser zu kaufen. Boris lehnt an einem Laternenmast, neben ihm steht sein Gepäck. Er pafft eine *Belomorkanal* – starke Billigzigaretten, die bei Jugendlichen in der Sowjetunion vor allem deshalb beliebt waren, weil sich aus den Belomor-Hülsen prima Joints drehen ließen.

»Oha! Lebendig?«, sagt er. »Oder holst du dir noch mehr Tüten?«

»Was machst denn du hier?«, fragte ich, nachdem wir uns stürmisch begrüßt haben. »Meine neue Nachbarin hat erzählt, du wurdest geschnappt, weil du sechs Kilo Kaviar einschmuggeln wolltest.«

»Jetzt habe ich noch drei«, meint Boris.

»Warum?«

»Na, die Zollbeamten müssen auch etwas essen. Und wenn du teilst, darfst du wieder bis zum Reiseziel einsteigen. Bloß in ein anderes Abteil, damit es nicht zu viele Fragen gibt.«

»Wie das?«

»Wie ›wie das‹?«

»Hast du sie … geschmiert?«

»Von welchem Planeten kommst du eigentlich?«, sagt Boris, packt seine Riesenpranke auf meinen Kopf, zerwuschelt meine Haare und drückt mich zum Abschied lang an seine tief gebräunte Brust.

Dann ruft der Schaffner. Ich muss einsteigen, Boris bleibt zurück. Als der Zug losfährt, recke ich noch lange den Hals nach Boris' dunkler Silhouette. Seine weißen Zähne hängen in der Nacht wie das Lächeln einer Grinsekatze.

Entfernung nach Berlin: 1 416 km
Entfernung nach Sotschi: 800 km
Einwohner: etwa 1 Million

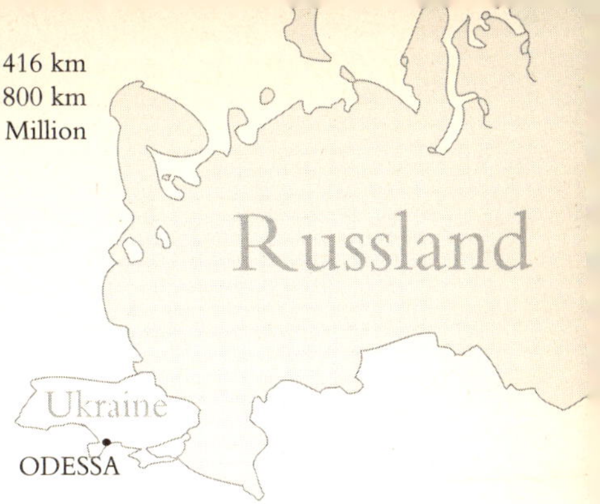

ODESSA (Ukraine)
Одесса

Das macht hier Spaß: *Die verwunschenen Hinterhöfe des Viertels Moldowanka. Der Markt Priwoz, auf dem man alles kaufen kann vom iPhone bis hin zu eingelegten Schweineschwänzchen.*

Das nervt: *Touristen kann es passieren, dass sie für das Schweineschwänzchen den Preis eines iPhones bezahlen. (Okay, das ist übertrieben. Vor vierstreifigen Adidashosen und „Versage"-Jeans sollte man sich trotzdem in Acht nehmen.)*

Das sagt der Reiseführer: *Ibiza des Ostens. Perle am Meer. Hauptstadt des Humors.*

Das sagen die Einwohner: *„Sagen Sie mal, wo haben Sie denn so einen tollen Anzug gekauft?"*
„In Paris."
„In Paris? Wo ist das denn?"
„2000 Kilometer von Odessa entfernt."
„Sieh mal einer an! So weit ab vom Schuss, aber nähen können die!" (Witz aus Odessa)

Das sagen die Besucher: *„Warum sind denn so viele Leute auf der Straße? Was ist passiert?"*
„Nichts", sagt der einheimische Odessit. „Aber jeder will sich dessen persönlich versichern."

ODESSA:
Fremdkörper am Strand

Früher dachte ich: je mehr nackte Haut, desto weniger kulturelle Unterschiede. Aber auch am Strand werde ich als Ausländerin erkannt. Keine fremden Klamottenmarken könnten mich verraten, keine Backpacker-Ausrüstung. Ich lese Gogols »Tote Seelen« – auf Russisch. Und trotzdem höre ich ständig diese Frage: »Aber wo kommst du *eigentlich* her?«

Es ist der Gesichtsausdruck. »Du läufst mit weit aufgerissenen Augen durch die Straßen«, stellt Aniri fest, eine Schmuckdesignerin, die mich in Odessa aufgenommen hat. »Würdest du hier länger leben, du würdest lernen, sie skeptisch zusammenzukneifen.« Aniri bezeichnet meinen Gesichtsausdruck als »zutrauliche Weltneugier«. Mein Vater sagt dazu: »Hör auf, mit den Ohren zu klatschen.« Soll heißen: »Schau wachsamer, du Mondkalb!«

Vermutlich hat er recht. Meine ausländische Leichtgläubigkeit erkennt man scheinbar auch von Weitem, sogar wenn man nichts von mir sieht außer einem Kopf im Wasser.

Am Strand »Otrada« prustet ein ledriger Greis mit

von Sonne und Salz gegerbter Haut neben mir im Meer. Er kommt kaum hinterher, versucht aber trotzdem mit aller Kraft mitzuhalten, und erzählt noch dazu zwischen den Schwimmzügen die Geschichte von Odessa, wobei er sich ganz auf die Schlüpfrigkeiten konzentriert, etwa die Affäre von Odessa-Gründer De Ribas und Kaiserin Katherina, die ja, heh heh, ein durchtriebenes Stück war.

Ich lausche mit offenem Mund, in den inzwischen ein paar Liter Meerwasser gespült wurden, samt anderem Strandgut. Dann muss ich mich beeilen, weil ich noch eine Verabredung habe. Der Opa sagt: »Gehen Sie doch unter den Süßwasserstrudel, dann können Sie sich das Duschen zu Hause sparen.«

Der Steinweg zum Strudel ist glitschig, der Opa hält mich bei der Hand, was mir etwas unangenehm ist, aber anders würde ich wirklich hinfallen. Die Süßwasserdusche ist eine Art Wasserfall, der mit einer derartigen Wucht aus einem Rohr hinausströmt, dass man sich mit beiden Händen an einer Eisenkette festhalten muss, um nicht auszurutschen. Der Opa nimmt die Kette in die Hand und duscht sichtlich vergnügt. Jetzt bin ich dran. Mit beiden Händen halte ich mich an der Kette fest, stelle mich unter den Strahl … der sofort mein Bikinioberteil wegspült.

Quod erat demonstrandum, würde Papa sagen. Mein offener Ausländerblick hat dem ganzen Strand offene Aussichten auf meine Brüste beschert.

Aber auch sonst erkennt man in mir einen Fremdkörper am Strand: Außer mir cremt sich hier niemand mit Lichtschutzfaktor 40 ein. Sonnenbrand gilt in der

Ukraine als Muskelkater vom Sonnenbaden: Wer keinen hat, hat sich nicht richtig angestrengt. Ich schleppe als Einzige einen Sonnenschirm mit mir herum. Going native in allen Ehren, aber mein deutscher Dermatologe hat mir die Panik vor Haarscheitelkrebs eingeimpft.

Ansonsten ist Odessa die perfekte Stadt, um auf die Reise-Pausetaste zu drücken. Hier kann man das ukrainische »Dolce Vita« probieren: »Speck in Schokolade« etwa oder zuckersüße Melonen der Sorte »Torpedo«, die aussehen wie Rugbybälle. Das Obst schmeckt nach Sonne, die Strände und Clubs sind in Osteuropa berühmt. Die Odessiten erklären Touristen gern und ausführlich jeden Weg, unabhängig davon, ob sie ihn kennen.

Ich freue mich auf diesen Urlaub vom Urlaub. Ich bin ein bisschen flexibilitätsmüde. Den Zug kriegen. An der richtigen Haltestelle aussteigen. Tasche auspacken. Tasche einpacken. Wo zum Teufel ist das Kameraladegerät? Kaum hatte ich kapiert, wo die Lichtschalter im Haus sind, zog ich weiter zu neuen Lichtschaltern.

Reisen ist eines dieser Dinge, die davor und danach mehr Spaß machen. Die Vorfreude ist groß: Ich glaube immer, unterwegs werden sich alle Sorgen augenblicklich in neuen Eindrücken auflösen wie ein Zuckerwürfel im Teeglas. Doch kaum bin ich losgefahren, kann ich es kaum erwarten, bis dieser Erlebnisstrudel zu glatten Erinnerungen gerinnt.

Genauso wie im echten Leben wache ich auf Reisen manchmal mit guter Laune auf, manchmal mit schlechter – allerdings in fremden Betten. In sechs verschiedenen habe ich in den vergangenen Wochen geschlafen, sechs russische Städte habe ich besucht, in sechs Leben hineingeschnuppert.

Ein Russland-Intensivkurs. Mein handgeschriebenes Slang-Wörterbuch wird immer dicker. Ich verstehe inzwischen jeden dritten Witz. Einmal habe ich sogar meine »Rechte gepumpt« – also ein bisschen Theater gemacht –, als eine Museumsdame meinen deutschen Studentenausweis nicht anerkennen wollte. Außerdem habe ich das Verzeichnis aller verbotenen Dinge aufgefrischt, die in Russland als schlechtes Omen gelten. Nicht in geschlossenen Räumen pfeifen – sonst gibt es kein Geld im Haus. Kein Besteck fallen lassen – sonst kommt ein ungebetener Gast. Nicht an der Tischecke sitzen – sonst heiratest du nicht. Das Wichtigste: Nicht auf Kanalisationsluken im Boden treten. »Sonst bekomme ich nie Kinder?«, frage ich Aniri. »Nein, sonst fällst du hinein.«

Auf Reisen klafft die Schere zwischen Fremd- und Selbstwahrnehmung besonders weit auseinander. Wenn ich unterwegs bin, fühle ich mich tendenziell schöner als in den eigenen vier Wänden, an denen Spiegel hängen, die mich an die Realität erinnern. Seit ich meine Haarbürste in Murmansk vergessen habe, kämme ich mich morgens mit einer Gabel und fühle mich wie Arielle oder zumindest so lässig runtergekommen wie Charlotte Gainsbourg.

In Odessa gilt mein Look wohl als verwahrlost. Wenn ich mit den Einheimischen äußerlich verschmelzen will, gilt ab heute: keine Männerhemden und abgeschnittenen Jeans! Zum Strand gehe ich mit Lipgloss und Maniküre. Und einem neuen Buch. »Gogol als Strandlektüre? Das machen nur die Ausländer, die Slawistik studieren«, meint die Verkäuferin im Buchhandel und wundert sich über meine Frage nach typischem Lesestoff. Der Wunsch, für einen Einheimischen gehalten zu werden, sei übrigens auch typisch westlich. Sie verkauft mir eine Kurzgeschichtensammlung von Viktorija Tokarjewa, der Grande Dame der russischen Gefühlsliteratur.

Gleich die erste Kurzgeschichte handelt von der Russin Nastja, die den deutschen Ingenieur Günther verführt, damit er sie nach Münster mitnimmt. In Deutschland angekommen, vermisst sie ihre Heimat und leidet daran, dass Günther ihr kein Geld fürs Shoppen gibt: »Er verstand nicht – warum sollte man Geld in Klamotten investieren? Die Deutschen ziehen es vor, Geld für Reisen auszugeben. Für Lifestyle«, beschreibt Tokarjewa die Eindrücke ihrer Heldin. »Die Deutschen hübschen sich nicht gern auf. Sie waren bequem angezogen und sehr unauffällig.« Ich bin ein bisschen beleidigt. So ein Klischee! Dann fällt mir ein, dass ich seit drei Wochen mit einer Vogelnest-Frisur durch Russland reise. Und dass ich selbst einen Haufen Stereotype über osteuropäische Mode mit mir herumtrage. Ich weiß, dass ich hier nur sehe, was ich erwarte. Ich weiß, dass es auch hier kleine Frauen gibt und große, dicke und dünne, die genauso wie die Deutschen Zara und Mango mögen. Trotzdem kommt es mir vor, als liefen hier nur Wesen in Kleidern aus Luft durch die Straßen, deren Beine dort aufhören, wo meine Schultern anfangen, und die so aufwendig geschminkt sind wie im Kabuki-Theater.

Aniri sagt, dass ukrainische Frauen tatsächlich mehr Make-up tragen, höhere Schuhe und Markenklamotten. »Wer Geld hat, möchte es zeigen. Wer keins hat, zieht sich zumindest so an. Wer als Mann nichts besitzt und als Frau nicht gut aussieht, hat es schwer in der Ukraine.«

Aniri verkauft Hüte, Broschen und Taschen aus Klamotten, die bereits ein Leben hinter sich haben. In die Herstellung spannt sie unbekannte Künstler ein, schwangere Freundinnen und ihre Oma. Aber kommt Handgemachtes und Recycling an? »Ich überlege sogar, die Signatur ›handmade‹ aus meinen Sachen zu entfernen – sonst nimmt mich hier niemand ernst.« In der Ukraine sei Handgemachtes ein Zeichen von Armut und nicht von Lifestyle, genauso wie Fahrradfahren und der eigene Gemüsegarten. »Hausgemachte Marmelade! Lokales Bioessen! Guerilla Gardening! Eure urbane Elite sollte mal mit meiner Oma reden!«

ODESSA:
Nackte Wahrheiten

Der Kleinwüchsige und die dicke Frau winden sich auf dem Riesenbett auf der Bühne. Missionarsstellung. Cowgirl. Reverse Cowgirl. Doggy-Style. Es sieht aus, als würde Hella von Sinnen ein Zwergpony reiten, als würde ein Chihuahua eine Dogge besteigen. Die Frau hat drei Mal so viel Masse wie ihr Partner. Vermutlich, um den Größenunterschied auszugleichen, packt der Kleinwüchsige besonders hart zu. Saftig klatscht er ihr auf den riesigen Hintern. Die Dicke kreischt auf – vor Überraschung? Vor Entrüstung? Vor Schmerz? Der ganze Club kreischt mit – allerdings vor Vergnügen. Der Kerl mit dem Gesicht eines Zehnjährigen und den Klamotten eines P. Diddys ist der Publikumsfavorit.

Vier weitere Freiwillige warten auf ihren Auftritt beim Wettbewerb. Einem blondierten Mädchen mit dunklem Haaransatz wurde ein Typ mit Haarreif zugewiesen. Eine dralle Brünette hat einen Muskelprotz mit Babygesicht abbekommen, der sich die Baseballkappe verkehrt herum aufgesetzt hat, was ihm wohl etwas Streetcredibility verschaffen sollte. Letztendlich sieht er aber aus wie ein

Muskelprotz mit Babygesicht, der sich eine Baseballkappe verkehrt herum aufgesetzt hat.

Kaum auf der Bühne, hat sich der Muskelmann das T-Shirt vom Sixpack gerissen – auch wenn das Spiel kein Entblößen verlangt. Die Spielregeln lauten: Drei Paare führen trocken Sexstellungen vor, das Publikum wählt die Gewinner mit Applaus. Das ist »die nackte Wahrheit«. So heißt die Partyreihe in einem Club an der Strandpromenade Arcadia. Der Eintritt kostet umgerechnet fünf Euro, inbegriffen das »interaktive Unterhaltungsprogramm«, das wir gerade zu sehen bekommen.

Die Dicke möchte nicht mehr ein Teil davon sein, sie will runter von der Bühne. Sie ist rot wie eine Tomate und scheint den Tränen nahe. Doch der Showmaster brüllt ins Mikrofon: »Wenn der Mann Verlangen hat, hat die Frau zu gehorchen!« Die Menge johlt zustimmend. Die Dicke bleibt. Ihr Partner, der ihr bis zur Schulter reicht, grient und formt mit den Fingern ein Victoryzeichen. Robert zwickt mich. Dann zwickt er sich. »Du wolltest das selbst sehen!«, schreie ich gegen die Musik an. Aber meine Stimme geht im Applaus unter: Die Dicke und der Kleinwüchsige demonstrieren gerade einen »Standing 69«.

Vier Monate vorher, ein diesiger Aprilmorgen in Berlin: Das Handyklingeln unterbricht den gerechten Semesterferienschlaf. Der Name auf dem Display (Robert), die Uhrzeit (7 Uhr 30) und der Wochentag (Dienstag) ergeben in ihrer Kombination kein bisschen Sinn. Robert lebt nach dem Prinzip »der späte Vogel fängt das Croissant«. Er ist ein Nachtwesen, das nie ins Bett gehen, aber es morgens noch weniger verlassen will. Einer, der immer Bier und Konfetti zu Hause hat, aber nie Müsli. Wenn Robert um 7 Uhr 30 anruft, dann nur, um mich zu irgendeiner Afterhour zu überreden.

»Nein, ich komme nicht mit«, sage ich anstelle einer Begrüßung. »Wo kann man jetzt überhaupt noch feiern?« Robert gibt mir ein ausführliches Verzeichnis von Orten, in denen man in Berlin bis Dienstagmorgen absteigen kann. Dann teilt er mir leicht beleidigt mit, dass er nicht *aus* dem Club kommt, sondern *in* einen geht: Seit Neuestem mache er Praktikum im »Ritter Butzke«, das habe ihn zum Frühaufsteher gemacht. »Und überhaupt«, fährt er fort. »Nicht du kommst mit, sondern ich. Auf deine Reise.«

Robert studiert Kulturmanagement, legt nebenbei auf und organisiert Partys. Deshalb möchte er eine Bildungsreise in osteuropäische Clubs unternehmen. Ich sei die auserwählte Reiseleiterin. Sein Kumpel Joe komme übrigens auch mit, verkündet Robert. Ich sage: »Klar!« und schlafe weiter. Als ich aufwache, ist das »Klar!« nicht mehr ganz so klar. Schließlich sind Reisegefährten immer ein Schneckenhaus aus Sprache und Ansichten, das man aus dem eigenen Land importiert. Mit deutschen Freunden im Gepäck wäre ich nur halb im Ausland. Immer wenn es in der Ukraine ungemütlich werden würde, könnte ich mich nach Deutschland verkriechen.

Andererseits: Zu dritt kann man drei Mal so viele Eissorten durchprobieren, Menschen-Katapult im Meer spielen und das russische Kartenspiel *Durak*. Und Feiern macht zu dritt sicherlich auch mehr Spaß! Noch am Abend buchen wir Flüge nach Odessa. Es heißt: Hier kann man am besten die osteuropäische Clubkultur kennenlernen.

Feiern steht noch ganz oben auf meiner Noch-Nie-Liste – einem Verzeichnis der Dinge, die ich noch nie in ihrer russischen Ausführung gemacht habe. Die meisten Russen haben sie als Teenager abgehakt. Ich bin mit zwölf aus dem russischen Erwachsenwerdungsprozess ausgeschieden, also hatte ich noch nie einen russischen Kater. Ich habe noch nie auf Russisch geflucht. Ich war noch nie auf einem russischen Date, auf einem russischen Amt oder einer russischen Tanzfläche.

Der Strand Arcadia liegt zwar in der Ukraine, ist aber auch ein Sehnsuchtsort für Partytouristen aus Russland. Arcadia gilt als osteuropäisches Ibiza. An der Promenade sind Clubs aufgefädelt wie Fleischstücke am Schaschlik-Spieß. Wir entschieden uns für den Laden mit der längsten Schlange. Von ihrem Ende aus konnte man sehen, wie halb nackte Mädchen auf Stelzen auf der Bühne tanzten. Es sah kompliziert und anstrengend aus wie rhythmische Sportgymnastik – leider aber ungefähr genauso sexy.

Vielleicht hätten wir etwas sanfter in die osteuropäische Clubkultur einsteigen sollen. Zweifellos gibt es in Odessa alternative Clubs mit putziger Streetart an unverputzten Betonwänden, oder Bars, in denen sich Menschen mit akkurat verwuschelten Haaren gekonnt gegenseitig ignorieren. Aber wir wollten ja etwas Neues! Anderes! Abgefahrenes!

Und wir dachten auch, wir seien abgebrüht. Wer in Berlin weggeht, kennt Darkrooms, die nach Sex und Klo riechen. Klodeckel, von denen weiße Krümel rieseln, wenn man sie hochklappt, und schneebleiche Gesichter mit roten Nasen, sobald der Schnee von heute zum Schnee von gestern geworden ist. Wer in Berlin lebt, hat oft genug in irre Augen und zerknautschte Gesichter geblickt und hat Zombies gesehen, die am Montagnachmittag versuchen, die Brötchen mit ihrer mehlbestäubten AOK-Karte zu bezahlen.

Doch die Abgefucktheit in dem odessitischen Club trifft mich härter als die in Berlin. Es ist eine Kaputtheit, die in glatten Lederbezügen wohnt, in blütenweißen Hosen, gepolsterten Ausschnitten und prallen Lippen. Diese verziehen sich gerade zu synchronen Fratzen. Die Münder jubeln, brüllen, küren den Kleinwüchsigen und die Dicke zu Gewinnern. Die Frau bekommt eine Flasche Sekt. Der Junge in den Männerklamotten oder der Mann im Jungenkörper kriegt einen Gratis-Strip. Er legt sich auf das Bett, eine langhaarige Wasserstoffblondine in pinken Latexstiefeln rutscht auf ihm hin und her. Die Lautsprecher spucken Vocal House, eine Frauenstimme singt etwas in Richtung »Böser, böser, Junge, ich werde dich bestrafen«. Das Publikum tobt. Die Luft im Club ist süß und klebrig, wie eine Sahnetorte.

Als die Musik ausklingt, hilft der Moderator der Stripperin aus dem Bett. »Na, Mutterinstinkte erwacht?«, fragt er sie und entlässt sie mit einem Klaps auf den Hintern. Die Wangen des Kleinwüchsigen haben die Farbe einer reifen Melone. Mit der rechten Hand verdeckt er die

Latte in seinem Schritt, doch der Moderator reckt seine rechte Faust in die Höhe, als hätte der Kleinwüchsige gerade einen Boxkampf gewonnen.

Und wieder bebt der ganze Club in Zustimmung, die Gäste auf der Tanzfläche und an den teureren Tischen. Auch das ist mir neu: Bisher habe ich Clubs als Gleichmacher erlebt. Für Berliner Schickimicki-Clubs kann ich nicht sprechen, aber für die meisten Clubs, in die ich gehe, gilt: Schaffst du es am Türsteher vorbei, bist du dabei. Der Abend gehört dir, die Musik, die Lichtshow, die – meist schäbige – Einrichtung. Auf der Tanzfläche bist du ein Teil des Ganzen, eine Zelle in einer fluoreszierenden, wabernden Volvox-Kugel.

Natürlich gibt es auch hier eine Hackordnung – eine recht undurchsichtige Hipness-Hierarchie, die auf minimalen Unterschieden in Kleidung und Musikgeschmack beruht. Durch Geld allein kann man hier aber nicht aufsteigen. Der Eintritt, der Alkohol und die Drogen in den Clubs werden zwar in Euro bezahlt. Die wahre Währung heißt aber Attitude. Am meisten davon hat der DJ, dann folgen die Barkeeper, Türsteher und so weiter. Der Stempel am Handgelenk besiegelt, dass du ihre Hoheit akzeptierst.

Die Währung im odessitischen Club heißt *Griwna*. Mit Griwni kannst du alles kaufen: Coolness, Sitzplätze, frisches Obst, den DJ. Hinsetzen kostet, ein Musikwunsch kostet, sogar die Privatsphäre beim Pinkeln muss man käuflich erwerben.

Trotz der teuren Einrichtung sind die Klos verkachelte Löcher im Boden. Wer pinkeln will, muss sich mit blankem

Hintern darüberhocken. Der Spalt zwischen Klotür und Boden ist mindestens 30 Zentimeter breit. Folglich kann jeder Außenstehende sehen, was und wie viel davon die Insassen in dieses Loch abgeben. Um die Schmach zu vergrößern, erscheint in regelmäßigen Abständen ein Wischmopp unter dem Türspalt, der um die Füße der Nutzer herumwischt. Für zehn Griwni unterbricht die Klofrau die Putzaktion, für weitere zehn stellt sie sich sogar schützend vor die Kabine.

Die Tanzfläche hat sich inzwischen gefüllt. Ich stelle mich erst mal an den Rand, um mir die Spielregeln anzueignen. Natürlich geht es auf Tanzflächen überall auf der Welt um dasselbe: Balzen, Sich-Zeigen, Partnermarktanalyse. In Berlin wird das Ganze aber hinter einem selbstvergessenen bis autistischen Gesichtsausdruck versteckt. Man steht an der Bar, kaut betont gelangweilt an der Innenbacke. Der Blick ist nach innen gerichtet. Auf der Tanzfläche streift er diffus durch die Menge oder stiert direkt zum DJ-Pult, weswegen sich alle Ausländer wundern, warum Berliner Party machen, als kämen sie zu einem Konzert.

Wer in Berlin versucht, face-to-face zu tanzen, landet stets auf der Fresse. Wir sind ja nicht in einer Dorfdisco! Offensichtliches Interesse gilt als verzweifelt. Jegliche erotische Energie ist ein Nebenprodukt der Anbetung der Gottheit am DJ-Pult. Jeder spart an Mimik und an Gestik. Auch, weil die Energie für die nächsten zwölf Stunden reichen muss. Denn in Berlin hat der gewonnen, der als Letzter von der Tanzfläche geht.

In Odessa hat gewonnen, wer als Erster mit einer Beute

von der Tanzfläche verschwindet. Hier spart niemand seinen Körper auf. Was in Berlin zu Hause passiert oder in einem Darkroom, fängt hier bereits im Club an: Das Vorspiel wird auf die Tanzfläche outgesourced. Vielleicht sind die Menschen in Odessa sexuell befreiter als Berliner, die »wie Maschinengewehre« tanzen (Zitat: Aniri). Wahrscheinlicher findet der Halb-Sex aber auch deshalb vor Ort statt, weil es keinen anderen dafür gibt. Die Touristen könnten ihre Eroberung höchstens in ein Doppelstockbett mitnehmen. Die Einheimischen wohnen oft noch bei ihren Eltern – oder mit ihren Ehepartnern.

Wir sind nicht betrunken genug, um das Ganze sexy zu finden, wollen es auch nicht richtig werden. Das Geld hauen wir lieber dafür raus, uns schrammelnde Songs von Boys Noize und Mr. Oizo zu wünschen. Das verwirrt das Publikum auf der Tanzfläche sehr, wird aber vom DJ akzeptiert, solange wir zahlen. Es ist lustig, mit anzuschauen, wie die Menge versucht, sich zu den harten Beats aneinanderzureiben. Eine dürre Frau, die eine rote Kurzhaarfrisur trägt und ein cremefarbenes, rückenfreies Ganzkörpertrikot, scheuert sich an einem Typen mit quadratischem Kreuz. Es sieht aus, als versuche sich ein übergroßes Streichholz an einer Schachtel anzuzünden.

Eine halbe Stunde später sehe ich die Rothaarige auf der Toilette. Um aufs Klo zu gehen, muss sie sich mühsam aus dem Trikot schälen und schwebt halb nackt in Halbhocke über dem Loch. Ich kann das sehen, weil die Tür ihrer Kabine nicht zugehen will. Fluchend versucht die Rothaarige, sie mit einer Hand zuzuziehen, mit der anderen verdeckt sie ihre nackten Brüste. Ich bin garstig. Ich bin gemein. Ich weiß. Aber zum ersten Mal finde ich Weggehen in Osteuropa richtig, richtig amüsant.

Entfernung nach Berlin: 1 638 km
Entfernung nach Odessa: 222 km
Einwohner: unter 200

POPOWKA (Krim)

Поповка

Das macht hier Spaß: *Wenn die Partyrepublik Kazantip nebenan für einen Monat ihre Tore öffnet, wird die Nacht zum Tag gemacht.*

Das nervt: *Nach dem Kazantip-Festival werden die Bürgersteige hier nicht nur spätestens um 21 Uhr hochgeklappt, vielerorts gibt es noch nicht einmal welche.*

Das sagt der Reiseführer: *Unweit von Popowka entfernt liegt das Tor zu einer anderen Welt. Und durch dieses Tor sollte man unbedingt gehen.*

Das sagen die Einwohner: *So still ist es um acht Uhr morgens in Popowka, dass man hören kann, wie die Pupillen der Kazantip-Partygäste sich wieder verengen.*

Das sagen die Besucher: *Wooo-huhhhh! Party on!*

REPUBLIK KAZANTIP:
Der Propagandaminister lädt ein

Es ist 19 Uhr morgens. Warum liegt hier eigentlich Stroh? Und warum hat Robert eine Maske auf? Das Gehirn ist Brei, die Lider sind Blei. Mein ganzer Körper ist mit Sand paniert. Das passiert, wenn man eine Drei-Tage-Party in einer Nacht feiern muss. Und das wiederum ist passiert, weil ich nicht kyrillisch tippen kann. Aber der Reihe nach.

Noch in Berlin wollten Robert, Joe und ich Tickets für »Kazantip« buchen, eine Open-Air-Party, die einen Monat lang am Schwarzen Meer gefeiert wird. Ich gab bei Google ein: »Kazantip«. Ich hätte das auf Russisch schreiben sollen, doch meine Tastatur hat keine kyrillischen Buchstaben. Außerdem tippt sogar meine Oma schneller auf Russisch als ich. Der erste Suchmaschinentreffer war kazantip.com – eine Seite, die verspricht, dich »in das Paradies auf Erden« zu bringen. Wir wunderten uns ein wenig: Warum darf man in diesem Paradies nicht zelten, sondern muss dort ein Hotelzimmer buchen? Ein Taxi holt die Gäste ab? Doch die Seite schien seriös – außerdem kann man für die 300 Euro, die wir für drei Tage pro Person bezahlen, schon etwas Service erwarten.

Angekommen in Popowka stellen wir fest: Der Service besteht aus einem winzigen Zimmer mit zwei Betten und einem Klappsofa. Aber wir wollen nicht meckern. Dass dem Klo ein Deckel fehlt, der Dusche ein Vorhang und den Betten Schlafdecken: geschenkt! Was zählt, ist die Party.

Das Partygelände bebt und strahlt wie ein Raumschiff, aus dem dunklen Dorf ziehen Menschenscharen zum Laserlicht. Über 100 000 Gäste kommen pro Jahr, um unter dem Motto »Leben ohne Schlüpfer« zu feiern. Hinter den Zäunen des Geländes legen DJ-Größen auf zehn Floors auf, tanzen verkleidete und nackte Menschen am Strand, im und auf dem Wasser. Hinter den Zäunen. Wir stehen davor.

Die Kassendame hat noch nie davon gehört, dass man Tickets für die Party im Internet bezahlen kann. Die Hotline sagt, kazantip.com sei eine Ausländerfalle. Die offizielle Seite heiße kazantipa.net – sie erscheint weit oben, wenn man Kazantip auf Russisch googelt. Dort findet man auch die Warnung, dass man die Eintrittstickets nur am Eingang bezahlen soll.

Uns dämmerte es: Wir haben für 300 Euro pro Person eine Bruchbude im ukrainischen Nirgendwo gebucht. Die Hotline von kazantip.com bestätigte das: Wir hätten die Seite aufmerksamer lesen sollen.

Somit sitzen wir an der Grenze von der »Republik Kazantip« fest. Die Party wird als ein »imaginärer Staat« bezeichnet, der von Ende Juli bis Ende August seine Grenze öffnet. Ein Präsident regiert das Land, ein Kabinett aus Ministern für Tanzen, gute Laune und Musik hilft ihm dabei. Immer donnerstags verheiratet der Präsident alle willigen Verliebten. Staatliche Rituale beinhalten auch die gemeinsame, euphorische Verabschiedung der Sonne, die laut Landesmythos nur deshalb untergeht, damit der Kazantip-Tag beginnen kann.

Im Internet kann man das Grundgesetz des Staates »Kazantip« nachlesen. Das wichtigste Grundrecht ist, »zu sein, wer man ist, und zu leben, wie man will«, es wird allein eingeschränkt durch das strengste Verbot, auf das Gelände zu pinkeln. Strand, Meer, Sonne, Himmel, Palmen und unbeschreiblich schöne Frauen seien nationale Ressourcen, die vom Staat geschützt und genutzt werden.

Ein Mehrfachvisum für die Einreise in die Republik kostet etwa 170 Euro, ein Visum, mit dem man das Gelände nur einmal betreten kann, rund 70 Euro. Aber: ohne Dispo keine Disco. Unsere Finanzen reichen gerade für drei Tagestickets. Es bleibt uns nichts anderes übrig, als in einer Nacht so viel Spaß zu haben, wie für drei geplant war.

Die Rechnung »dreimal so viel trinken = dreimal so viel Spaß« geht bei mir leider nicht auf. Mein russisches Sauftalent beschränkt sich darauf, epische Trinksprüche vorzutragen und *Zakuski* vorzubereiten – Schnittchen und eingelegtes Gemüse, mit denen man Schnaps »nachbeißt«. Nach einem Bier werde ich duselig. Nach zwei möchte ich sofort die Welt verbessern, nach drei sie nur noch umarmen. Nach vier Bier schlafe ich ein, auf der ersten horizontalen Fläche, über die ich stolpere. Diesmal ist es ein Strohhaufen. Gegen vier Uhr nachts gräbt Joe mich aus und schleppt mich zurück zu den »Champagner-Russen«, die er in der Zwischenzeit kennengelernt hat.

Die »Champagner-Russen« entpuppen sich als ukrainische Businessmänner, die seit Stunden eine Flasche nach der anderen bestellen. Schon bevor ich gegangen war, hatten Robert, Joe und Sascha ihre neue Freundschaft in einer Sektschlacht begossen. Sascha ist ein Philologie-Professor, aber das nur »für die Seele«. Seinen Lebensunterhalt verdient er als Manager einer billigen ukrainischen Bekleidungskette. Als ich wiederkomme, jagt er Robert mit Nippelzwickern durch die Bar. Später trinkt er den Barkeeper unter den Tresen, der uns daraufhin vielfarbige Shots namens »Hiroshima« ausgibt – ob als Anerkennung der Leistung oder als Rache ist ungewiss.

Irgendwann schläft Robert in meinem Strohhaufen, Joe auf den von Sekt verklebten Sofas, der Barkeeper auf der Kühltruhe. Ich gehe mit den Champagner-Russen schwimmen. Danach liegen wir wie Seesterne im Sand und gucken, wie der Tag wach wird. Die Meeresbrise föhnt mein Gesicht. Ich habe die Nacht besiegt.

Doch wer einmal aus dem Paradies auscheckt, kommt nicht mehr rein. In der Ferne wummern die Bässe, wir stecken im verrumpelten Garten unseres »Hotels« fest. Robert versucht einen Rekord im Dauerschlaf aufzustellen, gibt aber nach siebzehn Stunden auf. Joe liest »Narziss und Goldmund«. Vor lauter Langeweile schießen die Jungs stundenlang mit den Wasserpistolen Seifenblasen nieder. Statt im Champagner baden wir mit

Rentnerurlaubern im heilenden Stinkeschlamm – der einzigen Sehenswürdigkeit in der Gegend. Wir knabbern Unmengen von Sonnenblumenkernen, kochen *Pelmeni* und braten Schaschlik mit den Besitzern der Bleibe. Außerdem spielen wir mit den anderen zehn Europäern, die mit kazantip.com gebucht haben, *Durak*, das beliebteste russische Kartenspiel. Übersetzt heißt es »Blödmann«.

Am letzten Abend wird dann doch alles gut: Der Tanzminister ist unser Nachbar. Er besorgt uns eine Audienz beim Propagandaminister. Dieser spendiert Trostdrinks und lässt uns aufs Gelände.

In den Tagen in Popowka habe ich viel Zeit zum Nachdenken gehabt und drei Lektionen gelernt. Erstens: Wer in Osteuropa nicht das Kleingedruckte liest, steht vor verschlossenen Toren. Zweitens: Wer die richtigen Menschen kennt, kommt doch hinein. Drittens: Ich sollte mir Tastaturaufkleber mit russischen Buchstaben kaufen.

Entfernung nach Berlin: 3836 km
Entfernung nach Popovka: 3763 km
Einwohner: etwa 1,2 Millionen

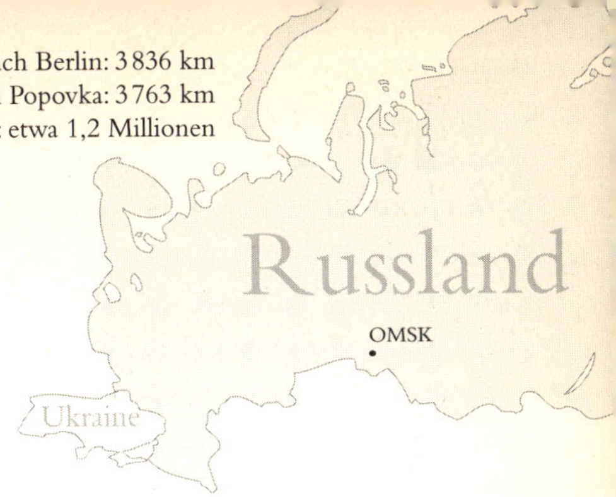

OMSK

Омск

Das macht hier Spaß: *Das lokale Bier „Sibirskaja Korona". Der Winter-Halbmarathon im Januar, der sogar bei minus 28 Grad abgehalten wird. Stadtstrände, ganze sechs an der Zahl.*

Das nervt: *„Nach russischem Brauch badet man in der Neujahrsnacht im Fluss, um sich von allen Sünden reinzuwaschen. Wer in unserem Irtysch badet, kommt in den Himmel. Sofort." (Witz aus Omsk)*

Das sagt der Reiseführer: *„... riesig, weit ausgedehnt, industriell."*

Das sagen die Einwohner: *Wir sind die Hauptstadt Sibiriens.*

Das sagen die Besucher: *... und damit mindestens die fünfte Stadt, die das von sich behauptet. (Die größte Stadt Sibiriens ist übrigens Nowosibirsk.)*

OMSK:
Dostojewski, der Penner

Gestern habe ich noch im Bikini am Strand des Schwarzen Meeres gedöst, heute kann ich davon nur träumen. Aber nicht einmal das klappt. Schlaflos fröstele ich unter der Wolldecke. In Omsk ist es 15 Grad kälter als auf der Krim und fünf Stunden später. Die Uhr an der Wand schlägt Mitternacht, die an meinem Handgelenk zeigt 19:00.

Meine Gastgeberin Irina schläft längst. Um sechs Uhr klingelt ihr Wecker, jeden Morgen klingelt ihr Wecker um sechs Uhr. Irina hat ein kleines Optikgeschäft, das die ganze Woche über, von Montag bis Sonntag, geöffnet sein muss, damit sie sich über Wasser halten kann.

Irina ist die Schwester eines Freundes meines Stiefvaters. Sie hat die Figur einer Dreißigjährigen und die Weisheit einer Siebzigjährigen. Die Wahrheit liegt irgendwo dazwischen, laut Auskunft meiner Mutter muss sie Ende vierzig sein. Irina interessiert sich für Zen-Buddhismus und ökologische Ernährung, mag Weltmusik aus Peru und Besuch aus Europa. Kinder hat sie keine. Vielleicht behandelt sie mich genau deshalb wie eine verlorene

Nichte. Obwohl wir uns noch nie gesehen haben, holte sie mich mitten in der Nacht vom Flughafen ab, stellte Blumen ins Gästezimmer und räumte den Kühlschrank mit meinen Lieblingsgerichten stellte, deren Rezepte sie vorher aus meiner Mutter rausgequetscht hatte.

Ich wälze mich in Irinas »alpenfrischer« Bettwäsche und ein bisschen im eigenen Heimweh. Erst als die Sonne über den Plattenbauten vor meinem Fenster aufgeht, schlafe ich ein. Als ich gegen Mittag aufwache, steht das Frühstück auf dem Tisch und das Mittagessen auf dem Herd. An der Küchenablage liegt ein Veranstaltungsführer für Omsk, der mit Post-its durchmarkiert ist, ein Kulturmagazin und sogar eine Publikation, die übersetzt »Hipster aus Omsk« heißt.

Die erste Tageshälfte streife ich in Irinas Wohnviertel umher. Die Omsker Innenstadt mag voller Museen sein, das Staatstheater der Stolz von ganz Sibirien. Doch die Vorstädte sind genauso wie überall in Russland. Sogar die, die von mehreren Klima- und Zeitzonen getrennt sind, gleichen sich wie Zwillinge: rostige Spielplätze; Häuser wie aus der Retorte; Garagen, an denen Kinder Kreidepfeile für »Kasachen und Räuber« malten – das russische »Räuber und Gendarm«.

Solche Viertel gibt es auch im südlichen Sotschi oder in Petrosawodsk, vermutlich auch auf der asiatischen Halbinsel Kamtschatka. Die Bäume sind staubig, überall ist Asphalt und Graubeton. Die Menschen tragen Klamotten und Gesichter in passender Farbe, wie Tarnanzüge zu ihrer Umgebung. Auch die Straßen in Omsk heißen wie anderswo auch: Arbeiterstraße, Lenin-Platz,

Oktoberstraße ... Durch Omsk verlaufen 15 Oststraßen, 13 Komsomol-Straßen, 34 Arbeiterstraßen. Nordstraßen gibt es in Omsk sogar ganze 36.

Zwei wichtige russische Kulturmänner lebten in der Stadt: Jegor Letow, der Vater des russischen Punkrocks, kam in Omsk zur Welt und blieb seiner Heimatstadt bis zum Tode treu. Der zweite, Fjodor Dostojewski, wohnte hier nicht ganz freiwillig. Weil er einem revolutionären Schriftstellerzirkel angehörte, schickte ihn der Zar Nikolaus I. für vier Jahre ins Omsker Zwangsarbeitslager. Entsprechend hart ist Dostojewskis Urteil über die Stadt: »Omsk ist ein widerliches Städtchen. Bäume gibt es kaum. Im Sommer Hitze und Sandwind, im Winter Schneesturm. Natur habe ich hier keine gesehen. Schmutziges Kaff, militärisch und lasterhaft«, schrieb der Schriftsteller an seinen Bruder.

Die Omsker Bürger nahmen Dostojewski diese Meinung nicht krumm, sondern errichteten ihm sogar ein Museum – eines der größten im Land.

Das alles steht in Irinas Kulturführer, an einer Stelle, die sie vorsorglich mit neongelbem Stift markiert hat. Ich fühle, dass ich meiner Gastgeberin etwas Kultur schuldig bin, und mache mich auf den Weg.

Kurz vor dem Museum komme ich an einem Dostojewski-Denkmal vorbei: In sich gekehrt läuft der steinerne Hüne durch den Wind, langer Bart, Halbglatze, der Blick ist nach unten gerichtet, in seiner Hand das Evangelium – das Buch, das ihn im »toten Haus« rettete.

Davor sitzt ein recht verlebter Graubärtiger, der ihm gar nicht so unähnlich sieht, trinkt ein *Baltika* und blinzelt in die Sonne. Seine Haare sehen aus, als sollte man in ihrer Nähe besser nicht zu tief einatmen. Aus seiner dicken braunen Jacke quillt weiße Watte heraus. Sie erinnert an die letzten Schneehäufchen auf einem unbestellten Feld im Frühling.

Daneben wuselt ein äußerst kommunikativer und nicht minder schmutziger Hund. Sein Bauchfell ähnelt dem Bart eines alten Ziegenbocks. Er rennt um das Denkmal herum, riecht an jedem Neuankömmling, verschwindet dann plötzlich und kommt tropfnass wieder, um erneut alle Taschen und Schuhe zu beschnuppern. Besonders hat es ihm eine ältere Eisverkäuferin mit einem Gedichtband in der Hand angetan. Der Hund stupst sie immer wieder mit der Nase an, die Frau haut mit einem zugeklappten Regenschirm nach ihm, ohne vom Buch aufzuschauen. Dem Hund macht es nichts aus. Tropfen fliegen in alle Richtungen.

»Idiot, lass das!«, sagt der Mann in der dicken Jacke. »Idiot! Das bringt doch nichts!«

Der Hund tut mir leid. Ich packe eins von Irinas Broten aus und jage dem Hund geschlagene fünf Minuten hinterher, um ihn zu füttern. Der aber läuft bellend um das Denkmal, weg von mir und von meiner Stulle.

»Bleib doch stehen, Idiot!«, ruft der Bärtige immer wieder. »Heh! Idiot! Heh!«

Nach fünf Runden werde ich langsam sauer: »Warum schimpfen Sie ständig mit dem Hund?«, japse ich im Vorbeilaufen.

»Ich schimpfe doch nicht mit ihm! Idiot kann in unserer Gesellschaft die höchste Auszeichnung sein! Eine reine, naive, gütige Seele. Kennen Sie Fürst Myschkin – den Helden aus ›Der Idiot‹?«

»Sie haben Ihren Hund nach dem Roman von Dostojewski benannt?«

»Ganz genau, gnädige Frau.«

Ich bleibe stehen. Der Hund dreht noch zwei Runden. Dann kommt er auf mich zu, beschnuppert mein Brot und dreht sich weg.

»Womit is'n die Stulle?«, fragt der Graubärtige. Seine Stimme kommt irgendwo aus dem tiefen Inneren, blubbernd wie ein Topf, der auf schwacher Hitze köchelt.

»Himbeermarmelade«, sage ich.

»Ha! Der Idiot ist doch kein Idiot. Der will Wurst fressen, keine Himbeeren! Wie heißen Sie überhaupt, junge Frau?«

»Wlada.«

»Sehr angenehm. Dostojewski«, stellt der Mann sich vor und zieht einen nicht vorhandenen Hut.

»Dann müssen Sie ja jetzt 190 Jahre alt sein.«

»Na, so alt noch lange nicht. Schätzen Sie doch mal!«

Dostojewski lacht und entblößt dabei seine raren Zähne, die in seinem Mund hängen wie Stalaktiten und Stalagmiten. Ich schätze ihn auf 65, also sage ich: »55.« Er guckt beleidigt und erklärt dann: »Nein, 49.« Die letzten fünf davon lebt Dostojewski schon auf der Straße. Den Spitznamen hat er wegen seines Bartes bekommen und weil er – seinen eigenen Angaben nach – über »Dostojewskis Bild der Juden« promoviert hat.

Ich bin skeptisch. Penner mit Doktorabschlüssen gibt es an jedem Bahnhof drei Dutzend. Sie werden besonders von Ausländern gemocht, die in ihnen Beispiele für die Fallhöhe der russischen Seele sehen. Im Gespräch kriegen diese Doktoranden meistens aber nicht einmal zusammen, wem die Frauennamen gehören, die sie auf ihre Handgelenke tätowiert haben.

Mein neuer Bekannter, ob Doktor oder nicht, hat sein Gedächtnis allerdings noch nicht vertrunken. Seine Erzählungen sind zusammenhängend und unterhaltsam und reich gewürzt mit Dostojewski-Originalzitaten.

Seine Lebensgeschichte weist in der Tat viele Parallelen zu der des Schriftstellers auf: ein strenger, jähzorniger Vater, der viel trank, eine sanfte Mutter, die ihre Kinder trotzdem an das Gute im Menschen glauben ließ, ein ungeliebtes Ingenieurstudium, die geliebte Literatur.

Dostojewski, der Schriftsteller, schrieb heimlich, stieg mit seinem Erstlingswerk kometenhaft in den Literatenhimmel, trat einem revolutionären Zirkel bei, wurde dafür beinahe hingerichtet und nach Sibirien geschickt. Dostojewski, der Penner, wechselte im dritten Semester die Fakultät, um Literatur zu studieren, ging dann freiwillig ins Dauerexil und kam nie wieder zurück.

Auch das Spiel war beider Ruin. Dostojewski hat zum Schluss sogar das Kleid seiner Frau verpfändet, um zu spielen, hat dann aber doch die Kurve gekriegt, wurde ein vorbildlicher Familienvater und ist den Kasinos ferngeblieben. Der Penner rast immer noch rastlos durch Russland, mal im offenen Abteilwagen, wenn er eine der Schaffnerinnen bezirzen oder bestechen konnte, mal trampend, mal zu Fuß. Er schläft mal hier, mal da, bei

Verwandten, bei Bekannten, in Heimen, unter freiem Himmel, ohne Adresse, ohne Bindungen, ohne einen Gedanken an morgen.

Als ich erwähne, dass ich auf dem Weg ins Dostojewski-Museum bin, bietet mir Dostojewski seine Dienste an. Bei ihm bekäme ich einen viel besseren Vortrag. Wenn sein Rachen bloß nicht so trocken wäre … Ob ich vielleicht 50 Rubel für ein Bier hätte?

Ich hole ihm ein *Baltika* vom Straßenhändler. Dostojewski macht die Flasche mit der bloßen Hand auf und trinkt einen hastigen Schluck. Dann hustet er etwas Schleim aus und rezitiert einen Monolog des verrückt werdenden Fürst Myschkin, mit einem Organ, das kaum an das vorherige Blubbern erinnert.

Dostojewski redet sich in Trance und hat plötzlich nicht nur etwas vom echten Dostojewski, sondern sogar etwas von Klaus Kinski. Auf seinen Wangen sehe ich auf einmal Tränen. Vielleicht sind es auch Tropfen aus der Bierflasche, die er während seines Vortrages schwingt, um besonders starke Stellen zu unterstreichen.

Danach schweigen wir lange.

»Ich muss weiter«, sagt irgendwann Dostojewski.

»Wohin?«

»Weiß auch nicht. Weiter.«

Wir schweigen wieder.

»Ich bin zu antriebslos, um aus dem Rasen auszusteigen. Wie ein Stück menschliche Sülze. Erst wenn einer kommt und draufhaut, würde sich was in meinem Leben bewegen. Solange bewegt sich aber nur eins: ich. Immer weiter und immer weiter und immer weiter …«

»Ist es nicht manchmal einsam, ein Landstreicher zu sein?«

»Ist es nicht manchmal einsam, ein Mensch zu sein?«

»Ist das auch ein Zitat von Dostojewski?«

»Nee, ist kein Zitat. Ist die Wahrheit. Haste noch ’nen Zwanziger für ein Bier?«

Entfernung nach Berlin: 4433 km
Entfernung nach Omsk: 744 km
Einwohner: etwa 520000 Einwohner

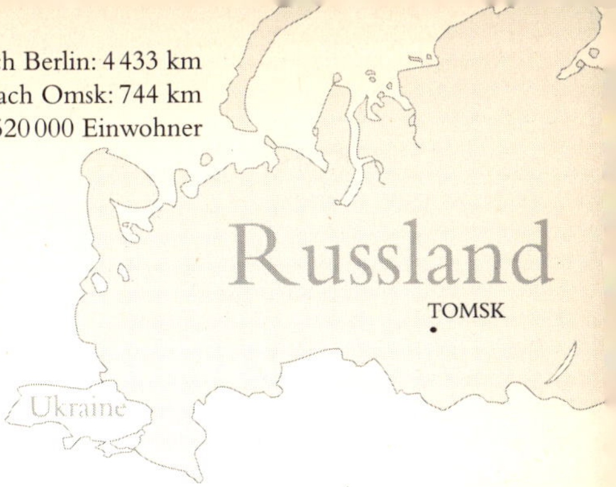

TOMSK

Томск

Das macht hier Spaß: *Die Holzhäuschen mit ihren prachtvoll geschnitzten Verzierungen. „Sibirische Blini" – eine Fast-Food-Kette, die riesengroße russische Pfannkuchen serviert, die aussehen wie riesige Sonnen. Der Blick auf die Stadt.*

Das nervt: *Allerlei Verschwörungstheorien der Touristen um die geschlossene Stadt Sewersk in der Nähe von Tomsk.*

Das sagt der Reiseführer: *Athen Sibiriens.*

Das sagen die Einwohner: *Den Griechen, der unseren Winter überlebt, möchte ich kennenlernen!*

Das sagen die Besucher: *Schlaubergerstadt (in keiner anderen russischen Stadt ist die Studentenquote so hoch wie in Tomsk, außerdem wurden zur Zarenzeit unliebsame Intellektuelle nach Tomsk verbannt, sodass man mit schlauem Nachwuchs rechnen darf).*

TOMSK:
Warme Coolness

Und schon wieder wälze ich mich schlaflos im Bett. Gern würde ich mir ein Glas Wasser aus der Küche holen. Doch das Zimmer von meiner Gastgeberin Julia, in dem ich einquartiert wurde, liegt direkt am Wohnzimmer, in dem die ganze Familie schläft: Mutter und Vater auf einem Sofa, das sie jeden Abend zum Bett ausklappen, Julia auf einem Sessel, den man zu einem Feldbett ausziehen kann. Dass ich als Gast ein eigenes Zimmer in der Zweiraumwohnung bekomme, stand außer Frage.

Julias Familie wohnt in einem Haus aus dicken Holzstämmen, die ich nur aus russischen Märchen kannte. Die Hexe *Baba Yaga* wohnte in so einem, nur dass ihres mit Hühnerbeinen getunt war und mit einer *Petschka* – einem Holzofen zum Heizen und Kochen, den Baba Yaga zum Braten von kleinen Kindern verwendete.

Die Uhrzeiger kriechen. Ich wälze mich auf dem Klappsofa und lausche dem Nasenchor im Nebenzimmer: Eine Nase schnarcht den Grundbeat, zwei andere pfeifen die erste und zweite Stimme. Das Surren der hungrigen sibirischen Mücken ist der Refrain.

Ich wache mit einem Stich mitten auf der Nase auf, dafür aber auch mitten im russischen Semesterferiengefühl. Julias Eltern sind schon bei der Arbeit. Sie selbst sitzt mit ungekämmtem rotem Schopf vor einer Teetasse und blättert in einer englischen Ausgabe von »Stolz und Vorurteil«.

Julia studiert Personalmanagement an der Tomsker Universität. Am ersten September strömen in Russland Mädchen mit Nylonschleifen auf dem Scheitel in die Schulen und betont abgewetzte Studenten in den Hörsaal. Bis dahin sind aber noch drei Wochen Zeit. Also tun wir das, was man so tut, wenn man alles tun könnte, aber nichts muss: nichts.

Russische Semesterferien scheinen sich nicht allzu sehr von den deutschen zu unterscheiden. Vielleicht helfen meine russischen Peers eher den Eltern auf der Datscha, anstatt das achte Praktikum zu machen, und schlagen ihre Zeit bei *vKontakte* tot anstatt bei Facebook. Aber das Grundgefühl ist ähnlich: In den Semesterferien hören die Uhren auf, Stoppuhren zu sein. Julia und ich erörtern die dringlichsten Probleme der Menschheit, das Frühstück geht nahtlos ins Mittagessen über, der Vormittag in den Nachmittag. An normalen Tagen ist Zeit Gold, flüssiges Gold, das mir ständig durch die Finger rinnt. Jetzt gebe ich sie mit Julia mit vollen Händen aus – und, siehe da, sie fließt langsamer, ohne dass wir sie in einen Terminkalender oder eine To-do-Liste sperren mussten.

Gegen 15 Uhr schaffen wir es endlich aus dem Haus. Aber auch die Stadt hat Semesterferien. Etwa ein Fünftel der halben Million Einwohner sind Studenten. Deshalb fühlt sich der Dienstagnachmittag im August nach einem Sonntag an. Die Cafés sind voll. Studenten bedienen Studenten, nach Schichtwechsel werden die Rollen getauscht.

Zuerst spazieren wir am Ufer des Flusses Tom und statten Anton Tschechow einen Besuch ab. Nach einem Aufenthalt in Tomsk lästerte der große russische Schriftsteller über die »besoffene Stadt« und deren »asiatische Gesetzlosigkeit«. Tomsk war beleidigt. Die Stadt sieht sich selbst als Sibiriens heimliches Gehirn und wird auch von anderen liebevoll als »Schlauberger-Siedlung« belächelt. Die Einwohner sind stolz auf das Tomsk-eigene Internet – ein kostenloses Netzwerk, das alle Computer in der Stadt verbindet. Und sie erzählen auch gerne über die »Kinder des Leutnants Schmidt« – eine studentische Satire-Mannschaft, die seit Jahren die Preise bei *KWN* abräumt, Russlands wichtigstem Humor-Wettbewerb des »Vereins der Lustigen und Erfinderischen«.

Tschechow musste für seine Meinung über Tomsk geradestehen – als in Stein gemeißeltes Denkmal. Ein einheimischer Architekt errichtete es zum 400. Geburtstag von Tomsk. Es zeigt den Schriftsteller in deformierter Gestalt, mit Riesenfüßen und zerrissenem Mantel. Das Werk heißt: Anton Pawlowitsch Tschechow in den Augen eines besoffenen Bauern, der im Straßengraben liegt und kein einziges Mal Tschechows »Kaschtanka« gelesen hat.

Von »asiatischer Grenzenlosigkeit« sehe ich nicht viel. Ich sehe McDonald's-Filialen neben Blini-Fast-Food-Ketten, Tomsk-typische Häuschen mit üppigen Holzrüschen neben Plattenbauten, japanische Autos mit Steuer auf der rechten Seite neben Ladas. Vor einer Lounge, die an eine durchdesignte Flughafenvorhalle erinnert, verkaufen Ömchen Stachelbeeren in Plastikbechern.

Danach führt mich Julia in »das progressivste Café der Stadt«. Die Karte ist voller komplizierter Kaffeegetränke, die Tische voller Menschen mit asymmetrischen Frisuren. Die Leute studieren die Karte lang, um dann einen kleinen Espresso zu bestellen – ob aus snobistischem Purismus oder aus Geldmangel ist mir nicht klar.

Ja, diese Orte gibt es auch in Westsibirien: zusammengestückeltes Mobiliar aus fünf Epochen, passende Klamotten, ironisch-altmodische Tapeten, an denen Bilderrahmen hängen, die nichts anderes beinhalten als ebendiese ironisch-altmodische Tapete. Kellnerinnen, die ihr Kunststudium abgebrochen haben, um einer Karriere in der Kaffeeherstellung nachzugehen, bedienen stoppelige Jungs, die gerade »zwischen Projekten« stecken. (Sprich: Bereits ihre siebte Band hat sich aufgelöst, bevor sich die Mitglieder auf einen Namen einigen konnten.)

Manch progressiver Jugendlicher in Tomsk trägt seine Chucks mit hohen Tennissocken und ein orthodoxes Kreuz im V-Ausschnitt. Ansonsten könnten wir, wenn man den Ton leiser drehen würde, auch in Williamsburg in Brooklyn sein. Oder in Berlin-Neukölln. Genau das sage ich Julia. Sie fasst es als ein Kompliment auf.

Das Fernweh nach der Welt »hinter dem Hügel«, also dem westlichen Ausland, ist groß. Die ganze Familie hat gespart, damit Julia ein Jahr auf eine amerikanische Highschool gehen konnte, ihre Schwester studiert jetzt in China. Das begehrteste Ziel ist aber Europa. Und Europa scheint in Tomsk sehr weit weg. Nicht unbedingt geografisch – Tomsk liegt nur 2 000 Kilometer tief in Asien. Europa ist aber nicht einfach das Stück Land, das hinter dem Uralgebirge beginnt, es ist ein Sehnsuchtsort. »Ich will nach Moskau umziehen und von da aus nach Europa rübermachen«, erklärt einer von Julias Freunden. »Warum?«, frage ich. »Du stellst Fragen!«, erwidert er. »Verglichen mit unseren habt ihr Spielzeugprobleme. In Europa hat doch niemand Grund, sich umzubringen.«

Julia ist nicht so kategorisch europaphorisch. »Bei uns kann man Dinge machen, die bei euch unmöglich sind.« Zum Beispiel? »Den Nachbarn spontan bitten, einen Abend lang auf die Uroma aufzupassen. Im Facebook-Status-Update fragen, ob jemand einem 20 Euro bis zum Monatsersten borgen kann. Sich selbst zum Abendessen einladen. Ohne vorher anzurufen.« Julia und ich beschließen, genau das zu tun.

Nastja wohnt in der Nähe des Cafés. Wir platzen herein, als sie gerade mit einer Hand in einem Topf mit selbst gemachter Kräuterlimonade rührt. Unterwegs haben wir Dima und Alex aufgegabelt, zwei befreundete Musiker. Vier unangemeldete Gäste gelten in Tomsk nicht als Überfall – zumindest nicht bei Studenten und Freiberuflern. »Nur menschliche Wärme hilft gegen sibirische Kälte«, verrät Julia. Selbst die Coolen pflegen in Tomsk warme Umgangsformen. Vermutlich kann sich niemand interne Unterkühltheit bei externen 22 Grad minus im Winter leisten.

Unsere Gastgeberin füttert alle mit Erbsensuppe, die dieselbe Farbe hat wie ihre Augen. Nastja trägt Holzfällerhemden und einen platinblonden Pixie. Sie ist 23. In ihrem Freundeskreis ist sie die Einzige, die allein wohnt. Junge Russen ziehen tendenziell spät von zu Hause aus, viele erst nach der Hochzeit oder nach dem Studium. Fast niemand kann es sich leisten, eine Eigentumswohnung zu kaufen. Und der Mietmarkt ist kompliziert: Die Mieter haben kaum festgeschriebene Rechte oder kennen sie nicht. Zudem ist es schwer, eine Wohnung zu finden. Im Sommer hat man meistens mehr Glück. Viele ältere Menschen ziehen für die warmen Monate auf die Datscha und freuen sich über ein Extraeinkommen.

Die klobigen Möbel und die schweren Gardinen, die ich zuerst für Retrodesign hielt, gehören eigentlich der Oma von einer Bekannten von Nastjas Cousine. Dazwischen hängen Nastjas Zeichnungen: Porträts, Aquarelle, Comics über einen fernsehsüchtigen Hamster. Nastja hat Grafikdesign und Illustration studiert. Ich möchte noch mehr von ihren Arbeiten sehen, doch Nastja ziert sich. Als sie in der Küche verschwindet, erklärt mir Julia, warum: Nach der Uni hat Nastja keine Festanstellung gefunden. Jetzt malt sie Pornocartoons für eine amerikanische Firma, die osteuropäische Zeichner anheuert, um Produktionskosten zu sparen.

Als Nastja mich dann doch einen Blick auf ihren Laptop werfen lässt, sehe ich Ginni, Aladin und Yasmin bei einem Dreier; Arielle in einem Meer von Sperma und eine Zeichnung von SpongeBob, die seinen Wohnort Bikini-Bottom zu wörtlich nimmt. »Wir sind kreatives Proletariat. Kinder der Globalisierung«, meint Nastja dazu. »Wie chinesische Schneiderinnen, bloß mit Macs.«

Dann reißen Jungs den Laptop an sich, um Musikvideos auf YouTube zu gucken. Wir Mädchen streicheln sechshändig Nastjas Katze und pulen Zedernkerne aus gekochten Zapfen. Man isst sie in Sibirien wie Sonnenblumenkerne im restlichen Russland: beim Reden, beim Fernsehen, als Übersprungshandlung, einfach so. Irgendwann stimmt Dima einen Song von den Eels auf der Gitarre an, wir summen mit.

Bedeutsam schweigen, diffus durchs Internet klicken und dann im Kreis sitzen und fröhlich Lieder über Suizid singen – so geht also russisches Rumhängen. Gar nicht so anders als in Deutschland. Aber was danach kommt, ist neu: Wir gehen *guljat'*. Das Wörterbuch übersetzt guljat' als spazieren oder laufen. Ähnlich wie im Deutschen kann aber alles mögliche »laufen«: »Guljaet« ein Mädchen mit einem Jungen, haben sie eine Geschichte am Laufen. Wenn eine Partymenge »guljaet«, läuft viel Hochprozentiges die Kehlen herunter. Guljat' bedeutet aber auch einfach Rumhängen in Bewegung: Stundenlang zieht man in Gruppen durch die Straßen, redet oder schweigt zusammen.

Ich mag das. Im Gehen kommen einem die besten Gedanken. Wir streunen planlos durch die Straßen, bis wir irgendwann beim Unigebäude sind. Hier treffen scheinbar alle »Guljat'«-Routen aufeinander, nicht nur die der Studenten, auch die der Subkulturen. Wir legen uns ins Gras des Uniparks und schauen zu, wie Baggy

Pants und hautenge Hosen an uns vorbeischlendern, zerrissene Jeans und Storchenbeinchen in Lederleggins.

Durch die Internetanschlüsse kommen Jugendkulturen auch nach Sibirien. Ich habe das Gefühl, hier einen Vertreter jeder Szene zu sehen: Emos, Raver, Nerds, Gothics, Punks, Metaller …

»Hat Russland eigentlich eine eigene Subkultur? Also eine, die es nur hier gibt?«, frage ich. Die anderen denken lange nach.

»Nee, eigentlich nicht«, meint Julia schließlich.

»Vielleicht *Gopniki*?«, schlägt Nastja vor.

»Aber ob man da von einer Kultur sprechen kann?«, überlegt Dima.

Die anderen lachen. Ich habe den Begriff Gopniki zwar schon mal gehört, weiß aber nicht, was er bedeutet.

»Wer sind Gopniki? Wo finde ich sie? Wie kann ich sie kennenlernen?«, frage ich.

»Glaube mir, das willst du nicht. Sie lernen dich früher oder später selber kennen, ob du willst oder nicht.«

TOMSK:
Das Lächeln des Gopniks

Was man auf keinen Fall wollen soll, will man für gewöhnlich am allerdringlichsten. Am nächsten Morgen hat Julia eine Frühschicht im Café. Sobald die Tür hinter ihr ins Schloss fällt, google ich »Gopnik«. Der Gedanke, dass ich unbedingt einen kennenlernen muss, kreist seit dem Vorabend als Dauerschleife in meinem Kopf. Ich habe das Gefühl, eine Jugendkultur entdeckt zu haben, die in meiner gemütlichen Welt bisher nicht existiert hat.

Deutsches Wikipedia gibt nicht viel her: »Der abfällige Begriff Gopnik ist im russischen Jargon eine Bezeichnung für die Vertreter der kriminellen Jugend, die oft keine Ausbildung haben und zu schwachen sozialen Schichten der Gesellschaft gehören.« Aha.

Dafür liefert »Lurkmore« eine halbe Doktorarbeit zum Thema. Kurzer Exkurs: Lurkmore.ru war bisher eine der hilfreichsten Quellen, um mich in der popkulturellen Welt meiner russischen Peers zurechtzufinden. Es ist ein Satire-Wiki, eine ironische und oft derbe Online-Enzyklopädie für moderne Folklore und Subkulturen. Ähnlich wie zum Beispiel die ehemalige »Encyclopedia Dramatica«

oder »Urban Dictionary« erklären hier User Internet-Memes, Slang und Kulturphänomene. Oder zum Beispiel,was ein »thermorektaler Kryptoanalysator« ist: eine heiße Lötlampe, die in den Hintern gesteckt wird, damit der Befragte schneller Infos rausrückt.

Der Eintrag zu Gopniki ist ungefähr so lang wie der über Putin. Entweder bieten sie den Autoren genauso viele Vorlagen zur Schärfung des eigenen Witzes, oder sie sind ähnlich relevant für das russische öffentliche Leben. Die Soziologin Larisa Pautova will herausgefunden haben, dass Gopniki ein Viertel der russischen Jugend ausmachen. Sollte dies tatsächlich der Fall sein, wären sie die größte russische Jugendkultur – auch wenn sie sich selbst niemals so bezeichnen würden.

Gopniki – das sind immer die anderen. Das Wort kommt entweder vom englischen »Gop Stop« – plötzlicher Überfall auf der Straße – oder vom altrussischen »Gop«, schlagen. Gopniki sind keine Szene, sie identifizieren sich nicht mit der eigenen Gruppe. Dabei hören sie eine einheitliche Musikrichtung – gefühlige Chansons, die hartes Gefängnisleben besingen –, teilen Kleidungsvorlieben und einen Hang zu Kriminalromantik, die hartes Straßenleben verherrlicht.

Lurkmore porträtiert Gopniki als Halbstarke, deren kriminelle Karriere darin besteht, Schüler zu erpressen, Schneemännern den Kopf abzuschlagen und an Bushaltestellen zu pöbeln. »Die Vorstädte von Metropolen und Provinzkäffer sind das Revier des Gopniks, sein Dschungel. [...] Er will eine Gefängnisvergangenheit, ohne gesessen zu haben, runter von der Nadel, ohne an ihr gehangen zu haben, und einen Tripper trotz seiner Jungfräulichkeit.«

Der Eintrag ist illustriert mit YouTube-Videos und Karikaturen, die äußere Erkennungsmerkmale des Gopniks beschreiben: Trainingshose mit Streifen (je mehr Streifen, desto angesehener in der Szene), Jacke aus Lederimitat, Herrenschuhe, mit Chlor gebleichte Kurzhaarfrisur und außerdem ein clutchartiges Täschchen namens Barsetka – des Gopniks wichtigstes Accessoire. Zu finden sei der Gopnik meist an Bushaltestellen, »wo er in der Hocke sitzt, auch wenn es Bänke gibt, Billigbier trinkt und Sonnenblumenkernschalen spuckt«, schreibt Lurkmore.

Nach zweistündiger Recherche weiß ich also, wen ich zu suchen habe und wo. Warum ich diesen Jemand suche, weiß ich, um ehrlich zu sein, aber nicht mehr so genau. Inzwischen ist mir klar geworden, dass ich genauso Halbstarke in Berlin-Hellersdorf fragen könnte: »Verzeihung, sind Sie ein Proll? Ich würde gern mit Ihnen reden!«

Und trotzdem: Mir ist bewusst geworden, dass es ein junges Russland gibt, und ein ziemlich großes dazu, von dem ich keine Ahnung habe. Mein Reisepfad von Couchsurfercouch zu Couchsurfercouch führt an diesem Russland vorbei, hinein in »progressive Cafés« und in eine Welt, die sich von der eigenen nur durch kyrillische Buchstaben auf einigen Plattencovern und Buchrücken unterscheidet.

Ich beschließe einen Ausflug nach Tscherjomuschki, einem Viertel, vor dem mich Julia wegen der vielen Drogenabhängigen und Gopniki warnte. Aber so weit muss ich gar nicht fahren. Schon an der Bushaltestelle lehnt ein Kerl in schwarzer Adidashose mit goldenen Streifen, in die er seinen Pullover gesteckt hat. Er ist ungefähr so alt wie ich und auf eine seltsame Art und Weise dürr und bullig zugleich. Seine Haare sind kurz, der Nacken breit. Darauf sitzt eine viel zu kleine Strickmütze, spielerisch und absolut unnötig, wie ein Hut auf einem Felsen.

Solche Jungs habe ich schon öfter gesehen, aber sie bisher nicht als Vertreter einer Jugendkultur wahrgenommen. Der Kerl raucht und pustet Qualm in sein Handy, gemischt mit derbem *Mat* – also recht vulgären Kraftausdrücken, die je nach Kontext Fluch sein können oder einfach ein Emotionsüberschuss.

In einem Vokabular, das Genitalien, Fäkalien und explizite Tieranatomie dicht aneinanderreiht, teilt er jemandem mit, dass er an einer Bushaltestelle steht. ›Dreistöckiger Mat‹ nennt man das hier. Obwohl mir die Ohren glühen, muss ich die Kreativität anerkennen, in der er die Flüche aufeinandertürmt.

Während er weiter in sein Handy flucht, habe ich Zeit, darüber nachzudenken, wie ich ihn ansprechen könnte. Lurkmore gab darüber keine Auskunft. Dort stand, dass es meistens Gopniki sind, die Kontakt zu ihren Mitmenschen suchen. Diesen geht es danach meistens nicht sehr gut. Beispieldialog:

»Hast du mal Kleingeld?«

»Nein, nicht bei mir.«

»Und wenn ich's finde?«

Weitere beliebte Gesprächs-Opener seien: »Haste Kippen/'ne Aspirin/ein Problem?« oder »Ist was?« Und vorüberlaufenden Frauen wird gern mal ein »Ey, Schöne, kann man dich kennenlernen?« zugeworfen.

Der Typ an der Bushaltestelle macht jedoch keine Anstalten, mich zu bedrängen. Nachdem er aufgelegt hat, kaut er Kaugummi und betrachtet eingehend die dreckigen Zehen in seinen Flipflops. Ich beschließe die Initiative zu ergreifen.

»Entschuldigung, darf ich Sie kennenlernen?«

Der Typ hebt seinen Kopf, um mich zu mustern. Seine dicken Brauen bewegen sich aufeinander zu, die Augen werden zu Schlitzen, die Stirn legt sich in Runzeln. Vermutlich hat ihn noch nie jemand auf diese Art und Weise angesprochen.

»Was willste?«, fragt er schließlich.

Ich erzähle von meinem Interesse am Leben russischer Gleichaltriger, vom Kampf gegen Milieublindheit und von meinem Auftrag als Journalistin, Klischees aufzubrechen und eine Jugendkultur vollkommen vorurteilsfrei kennenzulernen.

»Und was willste?«, erkundigt er sich erneut.

Gute Frage. Fast schon philosophisch. Eine Antwort habe ich nicht. Als Übersprungshandlung lächele ich. Das verwirrt ihn noch mehr. Lächeln ist in Russland keine automatische Höflichkeitsgeste. Natürlich ist der dauermürrische Russe ein Mythos. Wer einem Wildfremden grundlos seine Zähne zeigt, erntet jedoch meist einen irritierten Blick – oder wird sie im schlimmsten Fall sogar los.

Dabei grummeln die Russen nicht, weil sie strenge, ruppige oder misstrauische Menschen sind. Im Gegenteil: Wenn ein Russe dich anlächelt, hast du es über die Schwelle seiner Seele geschafft. Weil aber Servicekräfte, Beamte und Fremde an der Bushaltestelle nicht jeden Dahergelaufenen in ihr Innerstes lassen wollen, lächeln sie in der Regel nicht – es sei denn, sie wollen dich auf die Schippe nehmen. Oder sie sind verrückt. Es gibt sogar ein russisches Sprichwort, das auf Deutsch ungefähr so klingt: »Lacht einer ohne Grund, ist er geistig nicht gesund.« Das inflationäre Lächeln der Ausländer verspotten Russen als »chronisch« und witzeln, dass Europäer und Amerikaner nur deshalb ständig lächeln, weil sie zeigen wollen, wie viel sie für ihren Kieferorthopäden gezahlt haben.

Ich wische das Lächeln aus meinem Gesicht weg und gebe meinem neuen Bekannten die Hand. Keine Ahnung warum, wahrscheinlich, um dem Ganzen einen offiziellen Anstrich zu verleihen.

»Wlada«, stelle ich mich vor.

»Anton.«

»Anton, ich würde Sie sehr gern interviewen.«

»Was?«

»Mit Ihnen reden.«

»Worüber?«

»Über das Leben.«

»Leben ist Dreck.«

Wir schweigen. Dann biegt ein Bus um die Ecke und hält vor der Haltestelle.

»Ich muss jetzt«, kündigt mein neuer Bekannter an.

»Kann ich mitkommen?«

»Zu mir?«, fragt er verstört. »Ich habe eine kranke Mutter zu Hause! Und einen kleinen Bruder!«

»Nein, nein, nicht zu dir nach Hause! In dein Viertel.«

»Ich wohne eine Haltestelle von hier entfernt.«

»Hm.«

»Ich muss jetzt echt los.«

»War angenehm, dich kennenzulernen«, sage ich.

»Also, wenn du willst, komm am Abend wieder her. Wir trinken Bier mit den Jungs, da drüben am Kiosk«, sagt Anton und steigt in den Bus.

Er winkt nicht zum Abschied. Aber er lächelt. Zumindest bilde ich mir ein, es hinter der dreckigen Busscheibe zu sehen.

TOMSK:
Einmal auspeitschen, bitte

Tante Nadja hält, was sie verspricht: Unter den Plastikborsten ihrer *Motschalka* schwinden alle Krankheiten und Sorgen, der Dreck einer einmonatigen Reise, alle Pickelchen und Hautmacken. Leider aber auch die obere Epidermis. So muss sich eine Teflonpfanne fühlen, die mit Stahlwolle abgeschrubbt wird.

»Wer schön sein will, muss leiden«, stellt Tante Nadja klar und kascht mich mit der langen Motschalka ein – einem länglichen Schwamm mit zwei Schlaufen für die Hände. Jetzt stehen wir Nase an Nase unter der Dusche. Ich kann weder vor noch zurück: Sie hat mich quasi an ihren Bauch geschnallt. Immer wieder ratscht es von links nach rechts über meinen Rücken, als würde Tante Nadja mich in der Mitte durchsägen.

Ich bin im sibirischen Tomsk und zum ersten Mal in einer öffentlichen *Banja*. Zuvor dachte ich: Schwitzen ist kulturübergreifend gleich. Und doch liegen Welten zwischen der russischen Banja und der Sauna, die man in Deutschland kennt. Dabei unterscheiden sich die beiden äußerlich kaum voneinander.

Allerdings unterscheidet sich die Motivation der Besucher: Die deutsche Sauna stärkt die Abwehrkräfte und verbessert das Hautbild. Die russische Banja auch – aber das ist nur Nebenwirkung. Hauptsächlich dient sie als Kulisse, in der man Herzen, gar Seelen ausschüttet und sogar Geschäftsgespräche führt. In Deutschland schmort oftmals jeder still im eigenen Saft. Die Banja schweißt Freund wie Feind zusammen – und, wie ich jetzt weiß, auch gänzlich Unbekannte.

Eine halbe Stunde vorher: Eine dralle Frau mit dem Gesicht einer gealterten Porzellanpuppe beobachtet, wie ich die Vorhalle der Banja mit dem Fotoapparat dokumentiere: die Bierflaschen, die Besucher zur zusätzlichen Entspannung kaufen können. Die lustigen Frottee-Babydolls. Und natürlich die Banja-Feger, also getrocknete und zusammengebundene Birkenzweige. Die Russen weichen sie in Wasser ein, um sich damit in der Banja auszupeitschen. »Paparazzo?«, fragt mich die Frau.

Sie stellt sich als Nadeschda vor, ich soll sie aber Tante Nadja nennen, das täten alle. Als ich klein war, waren fast alle Erwachsenen Tanten, Onkels, Opas und Omas. Nur Lehrerinnen musste ich mit Vornamen und Vatersnamen ansprechen. Einen Nachnamen hatten für mich früher nur Popstars und der Präsident.

Früher arbeitete Tante Nadja als Krankenschwester. Als Rentnerin habe sie nicht viel Geld, einen Banja-Besuch leiste sie sich trotzdem einmal die Woche. Das erzählt sie mir, während wir die knarrende Holztreppe zur Umkleidekabine hinaufsteigen. Das Treppenhaus ist dunkel und riecht modrig, unter der Tür der Umkleidekabine kommt ein bisschen Dampf heraus. Quietschend geht die Tür auf, ein dunkler Umriss … es ist: Captain Hook!

Vor Schreck greife ich nach Tante Nadjas Hand. Ein paar Stufen später erkenne ich, dass Captain Hook eine Banja-Mitarbeiterin ist, die einen riesigen Haken in der Hand hält. Mit diesem öffnet sie die Holzspinds und kratzt sich manchmal am Rücken.

Ich versuche alle Bewegungen der Damen in der Umkleide zu kopieren. Man muss trotzdem kein Genie sein, um mich als Fremde inmitten der Rentner zu identifizieren. Es ist ungefähr so schwer wie: Banane, Mango, Apfel, Rasenmäher. Finde den Fehler! Das Einzige, was ich äußerlich mit den üppigen Matronen gemeinsam habe, ist mein Jutebeutel, den ich aus Berlin mitgebracht habe.

Ansonsten fehlt es mir an Equipment. Jede Rentnerin ist mit einer Thermoskanne ausgerüstet und mit Einmachgläsern mit Plastikkappe, in denen sich Honig und saure Milch befinden oder gänzlich undefinierbare Substanzen. »Zum ersten Mal in der Banja?« Tante Nadja fängt meinen fragenden Blick ein. »Komm, ich bring's dir bei«, sagt sie, jagt mich unter die Dusche und fängt an zu schrubben.

Weichgerieben und empfindlich wie ein frisch gepelltes Ei sitze ich danach in der Banja, unfähig, mich von der Stelle zu rühren. Ich schiele mit Ehrfurcht auf den eingeweichten Banja-Feger, mit dem Tante Nadja mich auspeitschen will. Der ist aber erst später dran. Zuerst muss ich mich aufwärmen.

Tante Nadja kippt etwas Birkensud auf die heißen Steine. »Das ist ja unerträglich heiß! «, schimpft eine Grauhaarige. »Es scheint dir nur so«, antwortet Tante Nadja. »Ist nicht alles in diesem Leben Schein?«, fragt eine Dame mit einer Frottee-Haube. Ich nehme an dieser philosophischen Diskussion nicht teil, ich bin damit beschäftigt, lebenserhaltende Körperfunktionen am Laufen zu halten. Danach lässt Tante Nadja den Feger an meinem Körper entlangspazieren. Es heißt, das regt die Durchblutung an.

Zurück im Duschraum. Drei Rentnerinnen haben sich um das Shampoo und die Haarspülung versammelt, die ich in der Dusche vergessen hatte. Eine liest Silbe für Silbe die Aufschriften vor – sie hat Deutsch in der Schule gelernt. »Bi-o-Brenn-ness-el und Bi-o-Ca-len-du-la. Bi-o-Ho-nig und Bi-o-Man-del. «

»Was ist denn dieses Bi-o?«, will die Dame wissen. Ich nenne ihr ein paar Richtlinien: natürliche Inhaltsstoffe, schonende Herstellung, umweltfreundlicher Anbau aus erneuerbaren Ressourcen. »Ach«, meint sie ziemlich unbeeindruckt. »Und was kostet das?« Der Preis lässt die gesamte Gruppe aufzischen. »Aiaiai, die ziehen euch aber ab da drüben! Davon kann ich mich eine Woche lang ernähren«, sagt eine und schleppt ihr Einmachglas herbei. Ich soll mir den Kopf mit ihrem Brennnesselsud waschen. Die zweite schlägt vor, mir Locken mit Bier einzudrehen. Eine andere bringt ein Marmeladenglas mit einem Honig-Ei-Gemisch aus eigener Herstellung, für besseren Haarwuchs. »Keine Sorge, das ist ganz sicher aus erneuerbaren Ressourcen«, erklärt sie. »Kommt von meinen Hühnern.«

Entfernung nach Berlin: 3 836 km
Entfernung nach Tomsk: 1 331 km
Einwohner: etwa 590 000

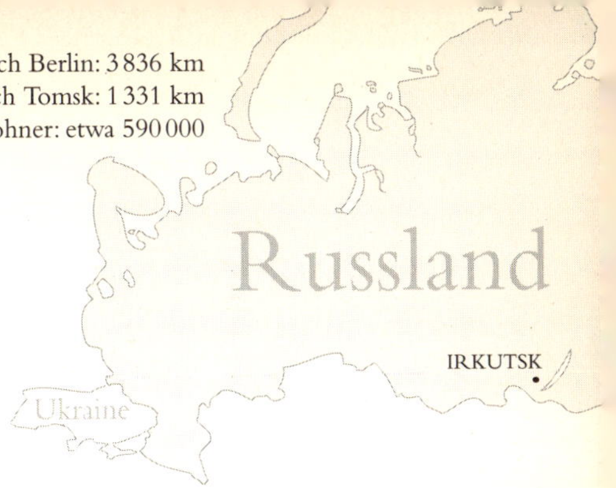

IRKUTSK

Иркутск

Das macht hier Spaß: *Die Busfahrt zum Baikalsee, den man von Irkutsk aus in nur einer Stunde erreichen kann.*

Das nervt: *Das Gefühl der eigenen Verwegenheit und Weitgereistheit wird durch internationales Sprachenmischmasch an der Bushaltestelle gedämpft: Irkutsk ist der Knotenpunkt aller Transsib-Touristen.*

Das sagt der Reiseführer: *Paris Sibiriens, wobei man die Erwartungen nicht zu hoch schrauben sollte. Die Betonung liegt auf Sibirien, nicht auf Paris.*

Das sagen die Einwohner: *St. Petersburg ist das Fenster zum Westen, wir sind das Fenster zum Osten!*

Das sagen die Besucher: *Frau, mit Blick auf den Baikalsee: „Es ist wunderschön hier! Ich bin ganz sprachlos!" Mann: „Prima. Dann bleiben wir sechs Wochen." (Witz aus Irkutsk)*

IRKUTSK:
Kaltes, klares Wasser. Fast

Sibirien scheint mir von Berlin aus näher als vom sibirischen Tomsk. Geografisch gesehen ist das natürlich Quatsch, und trotzdem: Wenn ich das Wort »Sibirien« in eine Berliner Kneipenrunde streue, ernte ich Sehnsuchtsseufzer und Vorträge über weite Landschaften. Ich kenne sechs Deutsche, die mit der Transsibirischen Eisenbahn unterwegs waren. Einem Russen, der hier wohnt und der sich zum Spaß reingesetzt hat, bin ich bisher nicht begegnet. Meine Freundin Anja versteht nicht, warum ich acht Tage meines Lebens freiwillig im Zug verbringen will. Genauso gut könne man fliegen. Am besten in die Sonne.

Schon vor der Reise argumentierte mein russischer Vater meine transsibirischen Träume nieder.

Ich sagte: »9 288 Kilometer Zugstrecke zwischen Moskau und Wladiwostok! Neun! Tausend! Zweihundertachtundachtzig! Kilometer! «

Er antwortete: »9 288 Kilometer inmitten ungeduschter Menschen, die du dir nicht selbst ausgesucht hast.«

Ich sagte: »Es ist eine Reise zu mir selbst!«

Er sagte: »Warum glaubst du immer, möglichst weit fahren zu müssen, um bei dir selbst anzukommen?«

»Aber die Teeglasuntersetzer!«, rief ich. »Ich möchte von der Schaffnerin Schwarztee mit diesen wunderschön geschwungenen Teeglasuntersetzern serviert bekommen, die es in russischen Zügen gibt.« Dieses Argument würdigte Papa nicht einmal mit einem verbalen Gegenschlag. Augenrollen, Ende des Gesprächs. Andererseits: Warum sollte man auch über Teegläser reden. Es fährt ja auch niemand wegen der mobilen Brezelverkäuferin durch Deutschland.

Am Ende wird es ein Kompromiss zwischen Russromantik und Russrealität. Ich fahre einen Tag lang die transsibirische Strecke zwischen den Stationen Taiga und Irkutsk. Von dort aus ist es nicht weit zum Baikalsee. Und Baikalsee-Sehnsüchte sind sogar für Papa nachvollziehbar.

Die ersten Stunden im Zug arbeite ich hart daran, Spaß zu haben. Der Tee beschäftigt mich genau eine halbe von den bevorstehenden 25 Stunden. Das Gespräch mit den Mitbewohnern des Zugabteils »klebt sich nicht«, wie man in Russland sagt. Und zu allem Übel hatte ich vergessen, Bücher aus dem Rucksack zu holen, bevor ich ihn unter der unteren Zugkoje verstaute. Jetzt schnarcht ein Opa darauf. Bleibt nur das Fensterkino. Die Musik auf den Ohren wird zum Soundtrack der Landschaft: saftige Wiesen, himmelhohe Wälder und hier und da sibirische Holzhäuschen. Der Film hinter der Zugfensterscheibe ist durchaus oscarreif. Leider kommt es mir nach drei Stunden vor, als liefen ständig Wiederholungen.

Irgendwann hält der Zug, ich steige aus, um etwas Luft

zu schnappen. Auf dem Bahngleis unterhält sich ein Amerikaner mit der Schaffnerin. Dass ihre Sprachkenntnisse keine Schnittmengen aufweisen, bremst die Unterhaltung nur minimal. Der Amerikaner spricht Englisch mit der festen Überzeugung, dass er verstanden wird, wenn er seine Sätze oft, laut und deutlich wiederholt. Die Schaffnerin steht ihm in nichts nach.

»You … kem rabotaesch?«, fragt sie. Also: Als was arbeitest du?

»Sorry, I don't understand«, sagt er und lacht.

»Rabotat!«, wiederholt sie und schlägt zu Veranschaulichungszwecken ihre rechte Faust auf die linke. »Rabotat, tuck-tuck!«, hilft sie lautmalerisch nach. »Tuck-tuck« ist das Geräusch, mit dem russische Kinder Bauarbeiten beschreiben.

Der Blick des Amerikaners bleibt verständnisleer wie bei einer Porzellanpuppe.

»Me ... tuck-tuck provodniza«, erklärt sie geduldig und deutet auf ihre Schaffneruniform. »You tuck-tuck?« Die Schaffnerin schlägt abwechselnd die Fäuste aufeinander, zeigt auf sich und auf ihren Gesprächspartner.

Der Amerikaner versteht.

»No, no! Thank you!«, antwortet er und guckt plötzlich zur Zugtür.

Die Schaffnerin versteht, was er verstanden hatte und fuchtelt mit den Armen. Lachend hält sie ihn am Pullover fest und wechselt vorsichtshalber das Thema.

»You many ... let skolko?«, fragt sie. »Me – 25«, verkündet sie, zeigt auf sich selbst und malt ihr Alter mit Fingern.

»25 what? What for?«, der Amerikaner schüttelt energisch den Kopf und will wieder in den Zug steigen.

»Idiót!«, kläfft die Schaffnerin auf Russisch.

»Idiot«, wiederholt er freudig.

»Aha«, stellt sie fest. »Idioti internationalnije. «

»Yes, idiots are international«, sagt er. Sie lachen. Er bleibt.

Vielleicht fährt man deshalb so weit, um die Bestätigung zu finden, dass wir alle gleich sind. Im arktischen Murmansk, im ukrainischen Odessa und im sibirischen Tomsk reden Mädchen über Jungs und Jungs über Mädchen. Sie machen sich Sorgen über Abschlüsse und Aufnahmeprüfungen. In den Schränken meiner neuen Gastgeberin entdeckte ich Bücher, die auch ich gelesen habe. In ihrer iTunes-Bibliothek fand ich Bands, deren Konzerte ich in Berlin besucht hatte. Meine Irkutsker Gastgeberin Nina und ich haben die gleichen Schuhe. Sie liest »Extremely Loud and Incredibly Close« – das Buch hat mir ein New Yorker Freund für die Reise geschenkt.

Außer mir ist der Italiener Paolo bei ihr zu Besuch. Sein Pass ist mit russischen Visa zugekleistert. Paolo kann nicht erklären, warum er immer wieder zurückkehrt. »Es ist wie ein Magnet«, sagt er. Inzwischen ist er zum siebten Mal in Russland. In Sibirien ist er wie ich zum ersten Mal.

Wir fahren mit dem Bus zu dem Örtchen Listwjanka am Baikalsee. Die Russen nennen ihn nicht umsonst das »heilige Meer«. Seine Schönheit reduziert meinen Wortschatz auf ein begeistertes Grunzen. Paolo springt sofort hinein. Nina und ich tauschen an einem Stand meinen selbst geflochtenen Blumenkranz gegen geräucherten Omul – den bekanntesten Fisch des Baikalsees. Die Verkäuferin bietet auch Cola an, aber ich nehme nur ihre Plastikgläser. Der Baikalsee ist ein wichtiges Süßwasserreservoir, es soll sauerstoffreich und gut bekömmlich sein. Da trinke ich doch keine Softdrinks!

Zwischenzeitlich sollte der See zwar wegen hoher Dioxinbelastung auf die Rote Liste der Unesco gesetzt werden. Eine umstrittene Papierfabrik am Ufer des Sees hatte den Betrieb wieder aufgenommen und schüttete ihre Abfälle hinein. Trotzdem: Schlimmer als der Kram, der in Cola drin ist, wird es kaum sein. Und außerdem ist der Baikalsee bestimmt kühler als die Softdrinks der Verkäuferin.

Zwei Russen, die seit fünfzehn Minuten hüfttief im Wasser stehen und sich nicht trauen loszuschwimmen, bescheinigen das im derben Mat. Einer der Männer formt mit blauen Lippen Sätze, jeder einzelne vollgestopft mit verschiedenen Begriffen für Geschlechtsteile, Hunde, Prostituierte und Mütter. »*Zensierter Ausdruck,* es ist so *zensierter Ausdruck* kalt, dass ich nicht mal pissen kann.« Darauf der andere: »Wirklich? Ich schon.« Das Wasser des heiligen Meeres schmeckt plötzlich nur noch halb so gut.

Entfernung nach Berlin: 1 574 km
Entfernung nach Irkutsk: 4 295 km
Einwohner: etwa 62 000

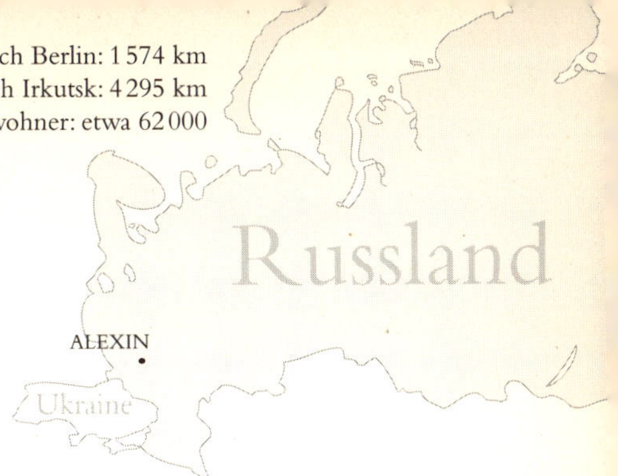

ALEXIN

Алексин

Das macht hier Spaß: Der „Alexin-Nadelwald" im Südwesten der Stadt – ein Erholungsgebiet voller mächtiger, hundertjähriger Kiefern am Ufer des Flusses Oka.

Das nervt: So wunderschön die Natur drumherum ist, so durchschnittlich ist die Stadt an sich. Das Aufregendste, das ich in der Innenstadt gefunden habe, war ein Aushang, auf dem ein „Oxy-J" gesucht wurde. Meine Recherche ergab, dass nicht etwa eine Stelle für einen spezialisierten DJ vakant war, sondern für einen Verkäufer für Sauerstoff-Cocktails in schrillen Farben.

Das sagt der Reiseführer: Das verschlafene Kurörtchen Alexin wird durch seine Entfernung zu anderen Städten definiert: 150 km enfernt von Moskau, 59 km entfernt von Tula, 69 km von Kaluga.

Das sagen die Einwohner: Da kommen sie wieder, die arroganten Großstädter, um ihre versmogten Großstadtlungen auszulüften.

Das sagen die Besucher: „Güldene und perlmutterne Lika! … Kommen Sie! Kommen Sie, um Blumen zu riechen, Fische zu fangen, spazieren zu gehen und zu heulen!", aus einem Brief von Anton Tschechow an seine Muse Lika Mizinowa, den er auf seiner Datscha in Alexin schrieb.

ALEXIN:
Freiheit der Hosenlosen

In Deutschland bat die Kunstlehrerin die Klasse einmal darzustellen, was Freiheit für uns bedeutet. Ich rahmte ein paar weiße Schlüpfer ein und schrieb darunter: *Tusovka.*

Tusovka ist ein ziemlich vielschichtiges Wort: Es kann für »Party« stehen oder für »Clique« oder einfach für »abhängen«. Für mich ist Tusovka vor allem ein Gefühl. Eine Kindheitserinnerung. Die Erwartung, dass es mehr zu essen geben wird, als je jemand vertilgen kann, mehr zu trinken, als gut ist, und dass alle beseelt und müde nach Hause gehen werden.

1991 zerfiel die Sowjetunion, ein Jahr später die Ehe meiner Eltern. In Russland brachen die »wilden Neunziger« an – der Fieberzustand zwischen Goldgräber- und Untergangsstimmung, zwischen neuer Freiheit und Raubtierkapitalismus. Professoren verkauften Wrigley-Kaugummis; meine Großeltern schafften sich Hühner an, weil die Eier im Laden zu teuer wurden; die beste Freundin meiner Mutter, die in der Personalabteilung eines Holzverarbeitungsbetriebs arbeitete, wurde in Klopapier ausbezahlt. Dafür hatte ihr Mann plötzlich einen BMW und ein tragbares Telefon, das in eine Handtasche passte. Plötzlich konnten alle machen, was sie wollten – und niemand konnte etwas dagegen tun.

Auch für mich begannen die wilden Jahre oder vielmehr: die wilden Wochenenden. Von Montag bis Freitag wurde ich von vier Generationen erzogen: von den älteren Kindern auf der Straße, von Mama und meiner Tante, von meinen Großeltern und meiner Uroma, die immer emsig über die Erledigung meiner Hausaufgaben wachte (selbst aber, wie meine Mama mir später erzählte, Analphabetin war).

Nach der Scheidung zogen wir ins Kinderzimmer meiner Mutter in Schtschokino, einem Örtchen in der Provinz im Verwaltungsbezirk Tula. Mamas zwei Hochschulabschlüsse qualifizierten sie in den Neunzigern allein für den Fotoapparat-Einzelhandel. Sie war 24, ich war fünf Jahre alt und brauchte meiner Oma zufolge »dringend Struktur«.

Also trug ich von Montag bis Freitag Uniformen: die Schuluniform, ein Relikt aus der Sowjetunion, an dem meine Schule bis Ende der Neunziger festhielt. Malerkittel der Kunstschule. Kratzige Trikots für den Ballettunterricht bei Natalia Pawlowna. Dazu kam noch der »Apparat für bessere Haltung« – ein Leukoplaststreifen zwischen den Schulterblättern, in dessen Mitte eine Reißzwecke befestigt wurde, die sich in den Rücken bohrte, sobald man ihn krümmte.

Dafür war ich von Samstag bis Sonntag Teil der »hosenlosen Bande«. Die Erziehungsarbeit übernahm die Tusovka: ein bis zwei Dutzend Freunde meiner Mutter mit einem Rudel Sprösslinge. Wir Kinder liefen in Unterhosen herum und hatten am Wochenende keine klar definierten Eltern, sondern gehörten der ganzen Gruppe – und vor allen Dingen uns selbst. Tusovka, allein der Name machte freiheitstrunken.

Es brauchte keine Rundmails, Facebook-Gruppen und Doodle-Umfragen, damit die Tusovka zusammenkam. Es brauchte auch keinen Grund. Es hatte sowieso immer jemand Geburtstag, Namens- oder Jahrestag. Zur Not reichte einfach der Tag der Profession. Jede Berufsgruppe in Russland hat ihren eigenen, sogar Systemadministratoren und Reinigungskräfte.

Im Sommer fuhr die Tusovka »zur Natur«. Die Jungs brachten Getränke mit, die Mädchen den Inhalt ihrer Kühlschränke und Eingelegtes aus dem Vorratskeller. Meistens gab es zu wenige Autos für zu viele Menschen. Zwischen ihnen, auf ihnen und unter ihnen wurden Körbe verstaut, Tüten, Bälle, Kinder, Badmintonschläger, Gitarren, Decken, der Bottich mit mariniertem Fleisch und Spieße für den Schaschlik. Es wurde so lange Tetris mit Armen, Beinen und Gepäck gespielt, bis die Türen zugingen. Dann ging es in den erstbesten Wald. Bei Straßenkontrollen verschwanden die Kinder im Fußraum, dort, wo schon der eiserne *Mangal* lag – eine Art Feuerschale, auf der der Schaschlik gebraten wurde.

Tusovka war immer lustig: Immer kam einer zu spät, immer verfuhr sich jemand, immer wurde einem Kind schlecht, immer wurde irgendwer von irgendwas gestochen. Die Sprösslinge spielten Fangen, Verstecken und *Kartoschka* – Kartoffel –, eine Mischung aus Volleyball und »Affe in der Mitte«. Je mehr die Getränkevorräte sich dem Ende zuneigten, desto leidenschaftlicher spielten die Eltern mit. Irgendwann schlief ich vor dem Feuer auf dem Schoß irgendeines Erwachsenen ein, »ohne Hinterbeine«, wie man in Russland sagt – also so fest, dass ich erst vor der Haustür wieder aufwachte. Machte ein Kind die Augen vorher auf, stimmten die Erwachsenen eine Ballade auf der Gitarre an, überredeten es sanft mit beruhigenden Lauten, die Augen schnell wieder zu schließen, und drückten ihre »Wochenend-Zigaretten« aus, die dicker aussahen und süßlicher rochen als jene, die sie von Montag bis Freitag rauchten.

Seitdem sind fast zwanzig Jahre vergangen. Meine Mama hat einen Russlanddeutschen geheiratet und wohnt inzwischen seit über zwölf Jahren in Deutschland. Zu ihrem 43. Geburtstag wünschte sie sich nur eins: eine Tusovka mit ihren alten Freunden.

Meine Mama und mein Stiefvater buchten Flüge nach Russland, trommelten alle zusammen und mieteten ein paar Holzhäuschen in Alexin – einem Erholungsort, anderthalb Stunden entfernt von Schtschokino. Und ich tuckerte aus Irkutsk fünf Stunden mit dem Flugzeug, eine Stunde mit dem Taxi und drei mit einer Marschrutka heran, um dabei zu sein.

Die Reihen der Tusovka haben sich in den letzten Jahren gelichtet, die Haare auch. Dafür wurden die Wampen größer und die Wagen. Es gibt mehr Falten, mehr Kinder, sogar ein paar Kindeskinder. Ich habe eine seltsame Stellung: Ich schlafe bei den Kleinen, darf aber mit den Großen aufbleiben. Die Versuche, endgültig auf die erwachsene Seite überzutreten, scheitern an Geschichten darüber, wer mir den Po abwischte, als ich klein war.

Trotzdem ist Mamas Tusovka ein voller Erfolg. Erwachsene, Kinder und Kindeskinder futtern Schaschlik und spielen Verstecken. Nur auf Familienfeiern kommen in Deutschland die Generationen so zusammen wie auf einer russischen Tusovka, wie ich sie kenne.

Ich habe mir vorher keine Gedanken darüber gemacht, wie traurig es für meine Mutter war, die Jugendfreunde nicht in ihr neues Leben in Deutschland mitnehmen zu dürfen. Ich gehöre zwar zu der Generation, in der man Fremde fragt: »Wo wohnst du?« Und nicht: »Wo kommst du her? « Trotzdem finde ich die Vorstellung furchtbar, dass niemand in meinem Land wohnt, der weiß, wie ich mit Teenagerpickeln aussah.

Bevor die ganz Kleinen ins Bett müssen, lassen wir alle Drachen über dem Flüsschen Oka steigen. Mein Stiefvater hat irgendwo in der nächsten Siedlung ein weißes Pferd aufgetrieben und kommt darauf angeritten. »Du wolltest einen Prinzen auf einem weißen Gaul?«, sagt er und überreicht Mama eine geschenkpapierumwickelte Box. Darin sind Wunderkerzen, Knallfrösche und Raketen. »Hier ist er! Mit einem Feuerwerk der Gefühle!«

Es nieselt. Und als die ersten Raketen am Himmel explodieren, regnet es Silberfunken. Weiße Unterhosen trägt niemand. Trotzdem ist das hier Freiheit. Tusovka.

ALEXIN:
Blumen-Barbie unter Pilzregen

Der Kater nach einer guten Tusovka reinigt eher als dass er straft. Der schwere Schädel ist nicht nur Nebenwirkung des Spaßes, er ist auch sein Beweis. Außerdem ist er ein Grund zur Freude. Wer am nächsten Morgen mit guter Laune und ohne Kater aufwacht, dem steht die Ernüchterung erst bevor.

Am besten bekämpft man einen solchen Kater wie einen Muskelkater – indem man sich aufwärmt und weitermacht. An unserem zweiten Tag in Alexin glühen wir schon beim Frühstück mit einem Glas Sekt vor oder besser gesagt nach. Es schmeckt wie Medizin. Ist es ja auch, gewissermaßen. Die Nacht und den Tag über hat es geregnet – warmer, spätsommerlicher Niesel. Pilzregen nennt man ihn hier. Danach ist der Wald immer voller Täublinge, Birkenpilze und Pfifferlinge. Wenn man Glück hat, findet man auch den König des Waldes, den Steinpilz.

Meine Mama, mein Stiefvater, meine Tante und zwei ihrer Freundinnen packen Kinder, Brote, Obst und eine Flasche Sekt ein und laufen zum nächsten Wäldchen.

Nahrung in der Natur zu suchen, ist der liebste russische Volkssport – auch wenn dabei meist mehr Essen verzehrt wird als gesammelt. Nach einer halben Stunde ist der Pilzkorb immer noch leer und der Proviantkorb schon wieder. Die Mütter sind viel zu sehr damit beschäftigt, den Inhalt des Letzteren in unsere Münder zu füllen als Pilze in den erstgenannten zu legen.

Außerdem sind Pilze in russischen Wäldern härter umkämpft als leere Bierflaschen an den Bushaltestellen in der Innenstadt. Sie zu sammeln ist eher Frühsport als spätnachmittägliches Entkaterungsprogramm. Echte Pilzjäger haben ihre Stammplätze, die sind schon um sechs Uhr morgens abgegrast. Als ich klein war, bin ich gern so früh aufgestanden. Ich freute mich immer von Kopf bis Fuß auf das Pilzesammeln. Meine Füße mochten das Gefühl vom Moos unter den Gummistiefeln. Die Hände mochten die Leichtigkeit, mit der sich der Pilzstamm mit dem Taschenmesser durchsägen lässt. Die Ohren mochten es, wie sich die Pilzsammler im Wald durchzählten, um nicht verloren zu gehen. Die Nase mochte den Geruch von feuchter Rinde. Der Mund mochte Steinpilzsuppe und Bratkartoffeln mit Pfifferlingen.

In Deutschland kamen die Pilze nicht aus dem Wald, sondern aus blauen Styroporschachteln. Mein einziger Versuch, Pilze mit deutschen Freunden zu sammeln, endete kläglich. Fünf Stunden lang stiefelten wir durch den Wald, putzten, wuschen und brieten unsere Beute – drei Kilo Täublinge. Am Esstisch googelte jemand mit seinem Smartphone die giftigsten Pilze Deutschlands. Der grüne Knollenblätterpilz ist für 90 Prozent aller tödlichen

Vergiftungen in Europa verantwortlich. Hat er nicht ein bisschen Ähnlichkeit mit …? Kann man ganz sicher sein? Ganz, ganz sicher? Zum Abendessen gab es Käsebrot.

Genau wegen dem »Kann man sicher sein?« schauen Deutsche total entgeistert, wenn Russen mit Eimern voller Pilze aus dem Stadtpark stiefeln. Und Russen schauen mit runden Augen auf die rohen Champignonscheibchen im deutschen Salat und auf die Steinpilzpreise in der Gourmet-Abteilung. Sie verstehen nicht, warum man für etwas bezahlen soll, das gratis in der Natur wächst.

Das ist der Unterschied: Die Deutschen suchen im Wald Erholung und den verlorenen Draht zur Natur. Russen suchen Sauerampfer, Beeren, Pilze und später Zecken an ihren Körpern. Die Natur sehen sie als Ernährerin, als eine Gastgeberin, die immer reich auftischt, wie es sich für eine russische Hausherrin gehört.

Schon als Kind lernte ich in der Natur ein Kaufhaus zu sehen, mit einer Süßwaren- und einer Spielzeug-Abteilung. Himbeeren und Walderdbeeren schienen süßer als Bonbons, die Baumblätter gaben prima Spielgeld ab, die Blütenblätter der Rudbeckien tolle gelbe Kunstnägel zum Aufkleben.

Meinen Billig-Barbies namens Stephanie fielen meist schon nach wenigen Wochen die Gliedmaßen aus, meine Made-in-China-Kuscheltiere sahen nach einmal Waschen aus wie nach einer Chemotherapie. Dafür wuchs im Sommer ein ganzes Puppenhaus direkt vor meiner Haustür – eine Wiese voller Löwenzahnblumen, die man im Handumdrehen in Prinzessinnen verwandeln konnte.

Das geht so: eine Löwenzahnblume mit einem möglichst langen Stängel pflücken und köpfen, sodass ein langes, glattes Röhrchen übrig bleibt. Eines der Enden in dünne Streifen zerteilen und sich in den Mund stecken, Gesicht verziehen, weil die Löwenzahnmilch fürchterlich bitter schmeckt. Fünfmal sagen: »Ömchen, Ömchen, gib mir Löckchen.«

Zieht man das bearbeitete Ding danach wieder aus dem Mund, erhält man einen Löwenzahnstängel mit Dauerwelle – einen Prinzessinnenkörper, an dessen Ende man immer wieder andere Kleider aus Blumen anstecken kann. Einem deutschen Kind hätten die Eltern den Löwenzahn sofort aus dem Mund gezogen, weil die Milch als giftig gilt. Meine Mama käme nie auf die Idee. Schließlich hat sie schon so gespielt und ihre Mutter und ihre Oma auch. Gestorben ist daran niemand.

Drei Stunden lebt eine Löwenzahnprinzessin, bis sie welkt. Solange kann man mit ihr Modenschau spielen – Ballkleid aus Pionblumen, Abendgarderobe aus Lilien und Hochzeitskleid aus weißer Rose, die ich aus dem Nachbargarten stibitzen musste.

Aus einer Sonnenblume und einer Mohnblume, die an einer Waldlichtung wächst, bastele ich eine Blumenprinzessin für meine elfjährige Schwester, die den ganzen Naturquatsch boykottiert und sich hinter einer Tanne versteckt, um ungestört mit ihrem Game Boy zu spielen.

»Das ist aber ein komischer Strauß«, meint sie.

»Das ist eine Blumen-Barbie«, sage ich.

»Aha.« Sie widmet sich wieder den bleependen Abenteuern von Sonic und Tails. »Und dafür hast du Pflanzen gemordet?«

Vielleicht kann sie mit Pflanzenspielzeug nichts anfangen, weil sie in Deutschland geboren und aufgewachsen ist. Vielleicht ist es ein Generationending – sie hat schon mit sieben lieber mit Spielkonsolen gespielt als mit Barbies, geschweige denn mit Blumen. Einem Waldsupermarkt würde sie stets einen konventionellen vorziehen. Da kann man meist sicher sein, dass es Pilze in der Gemüseabteilung gibt. In diesem Wald kann man das nicht. Heute sind sie entweder ausverkauft oder wurden nie geliefert.

Die einzigen Pilze im Wald sind wir. Ein Regenbogenpilz, ein gestreifter Pilz, ein neonpinker und einer mit SpongeBob-Muster. Der Himmel ist aufgebrochen und duscht uns selbst durch die dichten Baumkronen hindurch. Wir verstecken uns zwanzig Minuten unter den Schirmen, pfeifen dann auf trockene Klamotten und rennen nach Hause.

Mit leeren Körben und nass bis auf den letzten Faden kommen wir in den Bungalows an. Wir sind verfroren und glücklich. So gut hat die Rahm-Champignon-Soße aus der Tüte noch nie geschmeckt.

Entfernung nach Berlin: 1 605 km
Entfernung nach Alexin: 61 km
Einwohner: etwa 58 000

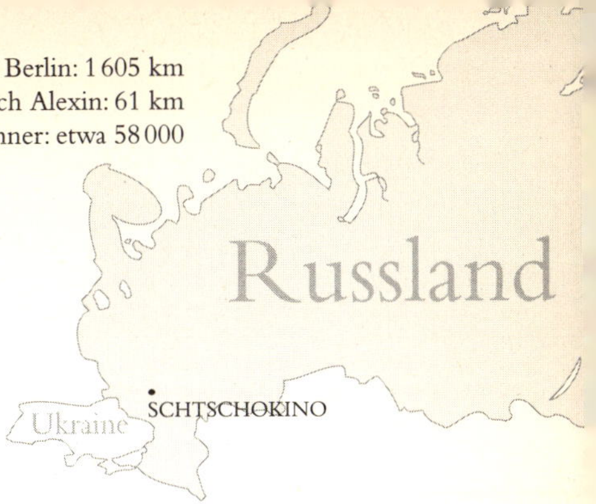

SCHTSCHOKINO
Щёкино

Das macht hier Spaß: *Die Gründungslegende: Der Schriftsteller Leo Tolstoi soll im Zug zu seinem Anwesen Jasnaja Poljana gefahren sein – in der ersten Klasse, wie es sich für einen Adeligen gehört, aber zerlumpt wie ein Strolch, was seiner Hippie-Geisteshaltung entsprach. Eine feine Dame hielt ihn für einen Landstreicher und forderte ihn auf, das Abteil zu verlassen. Daraufhin schmiss Tolstoi ihr Schoßhündchen aus dem Fenster. Die Dame rächte sich mit einer Backenschelle. Das Örtchen, auf dessen Höhe sich das Ganze abspielte, trug fortan Schtscheka (Backe) in seinem Namen.*

Das nervt: *Schtschokino gilt als Drogenstädtchen. Schon vormittags sieht man Menschen mit weggetretenem Blick und/oder einer Flasche in der Hand.*

Das sagt der Reiseführer: *Der schweigt. Schtschokino wird in keinem Reiseführer erwähnt – einen Wikipedia-Eintrag gibt es immerhin.*

Das sagen die Einwohner: *Schön ist's hier nicht! Aber herzlich.*

Das sagen die Besucher: *Die verirren sich recht selten hierher. Sehenswürdigkeiten gibt es kaum. Schtschokino war früher ein Bergbau-Zentrum und ist heute vor allem für seine chemische Industrie bekannt.*

SCHTSCHOKINO:
Museum der Vergangenheit

Minus und minus ergibt plus, nicht nur in der Mathematik, auch in Russland, besonders an Sonntagen nach der Tusovka. Am Wochenende haben wir mehrere Liter Bier ausgetrunken (minus) und drei Kofferräume voll Lebensmittel verzehrt (minus), trotzdem hat sich das Gepäck am Abreisetag wundersamerweise vermehrt (plus). Kein Auto geht zu, niemand kommt vom Fleck. Schlechte Laune (minus) trifft auf schlechte Laune (minus) und wird zu apokalyptischer Fröhlichkeit (plus). Man trinkt noch ein Bier, dann noch eins, und befüllt die Autos schließlich nach dem Kriterium der Körpermassenkompatibilität anstatt der Familienzugehörigkeit. Das klappt. Der Autokorso tuckert über holprige Straßen in Richtung Schtschokino – die Stadt der grauen Gesichter und grauen Fassaden, hinter denen ich als Kind immer buntes Innenleben fand. Von meinem fünften bis zu meinem zwölften Lebensjahr wohnte ich mit meiner Mama bei ihren Eltern in Schtschokino. Dort wurde ich eingeschult, dort wohnt immer noch mein Opa mütterlicherseits.

Mama, meine kleine Schwester Elli, mein Cousin Sawa und ich passen zu viert auf die Rückbank, deswegen dürfen wir gemeinsam fahren. Ich schmiege mich wie ein Puzzlestück zwischen Mama und Elli und wache erst auf den letzten Kilometern vor der Wohnung meines Opas auf, in der Mama und ich vor zwölf Jahren gelebt hatten. Es ist genau wie damals, nur dass ich heute weiß, dass die seltsame Sonntagslaune der Erwachsenen »Kater« heißt und niemand mich die Treppen hochschleppen wird.

Diesmal habe ich Opa auch nicht nur ein Wochenende lang nicht gesehen, sondern über drei Jahre. Mama fährt ihn jeden Sommer besuchen. Ich komme nur selten mit. Ich habe viel zu tun: Klausuren, Festivals, Praktika … Alles gute Gründe – die auf den letzten Kilometern vor Schtschokino plötzlich gar nicht mehr so gut zu sein scheinen. Die Wiedersehensvorfreude mischt sich mit schlechtem Gewissen. Wann habe ich Opas Stimme zuletzt gehört? Ich weiß es nicht mehr. Ich erinnere mich nur an die Spirale aus Nichtanrufen, schlechtem Gewissen und Nichtanrufen-aus-schlechtem-Gewissen, die mindestens einen Geburtstag brauchte, um aufgebrochen zu werden.

Doch als wir in die Vorfahrt einbiegen, übertüncht Nostalgie alle anderen Gefühle. Nur die große Birke, die wir im Frühling mit Taschenmessern bluten ließen, um Birkensaft in Plastikflaschen abzuzapfen, ist abgesägt worden. Ansonsten ist alles gleich. Auf der Sonnenbank vor dem Haus unterhalten sich die ewigen Ömchen, die *Babuschkas*, über Tagespolitik und jeden, der vorbeigeht.

Russische Sonnenbänke sind besser als Google. Jede Frage wird mit höchster Präzision und Ausführlichkeit beantwortet, auch ohne explizite Suchanfrage. Wir müssen nur »Guten Tag« sagen, schon wissen wir, dass Opa auf der Datscha ist, Gurken gießen, die Ernte sei dieses Jahr nicht besonders gut. Wir bekommen Infos darüber, welche Nachbarn seit dem letzten Sommer verstorben sind und dass Merkel echt in Ordnung ist, wenn auch nicht besonders schön. Einen Wohnungsschlüssel bekommen wir auch.

Im Hauseingang hängt immer noch der Geruch aus Ölfarbe, Kohlgerichten und Chlor. Die einzelnen Bestandteile riechen furchtbar, die Mischung – nach meiner Kindheit. Das Treppenhaus ist orangegelb gestrichen wie eh und je. Als Kind saß ich gern auf den Stufen und stellte mir vor, in einem Käse zu wohnen.

Auch die Geräuschkulisse hat sich nicht verändert: Töpfe klappern, Kinder winseln, Hunde auch, im Fernseher preist jemand einen Sahnejoghurt an, eine weinerliche Stimme mahnt einen gewissen Wanja, »endlich ein Mensch zu sein und die dreckigen Schuhe im Flur auszuziehen«.

Von meinem fünften bis zwölften Lebensjahr wohnte ich in diesem Mietshaus. Ich kenne das Knarzen jeder Stufe, jede Schmiererei im Hauseingang. Den Grunge-Smiley mit Kreuzen anstelle der Augen habe ich beigetragen. Das W im »W♥K« darunter ist die elfjährige Wlada – zweite Tür links, erster Stock –, die in den zotteligen Nachbarsjungen Kirill – erste Tür rechts, Erdgeschoss – verschossen war. W behauptete immer, K stünde für Kurt

Cobain und drehte die Videokassette mit dem Nirvana-Unplugged-Konzert extra laut, damit es auch im untersten Stockwerk zu hören war.

Kirill ist inzwischen 27 und Informatiker. Die Nirvana-T-Shirts aus dem Sommer 1998 und die Wohnung seiner Mutter hat er nie so recht verlassen. Außer Mama und mir ist kaum jemand aus dem Haus gezogen. Aus den Kindern, mit denen ich früher im Hof spielte, wurden Erwachsene, deren Kinder heute im Hof spielen. Aus Erwachsenen wurden Großeltern. Die meisten Großeltern, die ich gekannt hatte, sind tot. Meine Oma ist vor acht Jahren gestorben. Opa alterte nach ihrem Tod schlagartig, als sei er von einem Tag auf den anderen sehr, sehr müde geworden. In der Zweizimmerwohnung, in der einst vier Generationen lebten, ist er allein geblieben, wie ein Wächter im Museum der Vergangenheit.

Ein Wächter, der nicht besonders oft abstaubt. Jedes Jahr versucht meine Mutter, die Wohnung zu renovieren oder sie zumindest gründlich zu putzen. Jedes Jahr rebelliert Opa so lange dagegen, bis er sich die Hand ans Herz halten muss, und alles bleibt beim Alten. Als wir die Wohnung aufsperren, rümpft Elli die Nase. »Es riecht nach alt«, sagt sie. Es hängen immer noch Disneybilder an den Wänden, die ich für meine zwölfte Geburtstagsparty aufgehängt habe. Das Klo schmückt ein Katzenkalender von 2003. Ansonsten sind die einzigen neuen Bilder, die seit unserem Umzug dazugekommen sind, ein Foto von meinem Abiball und eines von Putin. Sogar die Tapete ist dieselbe. Sie ist nur ein paar Töne gelber und kräuselt sich an den Rändern.

Immerhin hat Opa die korrodierte Badewanne neu gestrichen. Früher habe ich darin mit meinem Cousin Sawa gebadet. Der Boiler reichte immer nur, um Wasser für eine Badewanne zu heizen. Also führten wir erbitterte Kämpfe darum, wer sich zuerst waschen durfte. Jeder wusste: Der andere pinkelt ins Badewasser, bevor er es verlässt. Der einzige Weg, beide Parteien im Badewannendilemma zu Kooperation zu zwingen, war, sie gemeinsam baden zu lassen.

Also saßen wir zu zweit in der Wanne und spielten Bierschenke. Das rostigbraune Wasser ging gut als Pilsner durch; Mamas teures Shampoo machte super Bierschaum. Gezapft wurde aus dem Wasserhahn. Wie ein ziegelrotes Krebsgeschwür baumelte daran ein Filter aus Nylonstrumpf und Watte. Bis unsere Hände schrumpelig wie Affenpfötchen waren, saßen Sawa und ich in der Badewanne, grölten stimmungsvolle Trinklieder in Fantasie-Deutsch und schunkelten im lauwarmen Wasser. Wer auf den Boden spritzte, musste das Gebräu im Bierkrug trinken, inklusive Badeschaum.

Opas Wohnung ist voller Spuren einer glücklichen, windstillen Kindheit. Die Tapeten in der Küche sind mit Strichmännchen und lachenden Sonnen vollgekritzelt. In der Flurdecke stecken immer noch Haken für die Schaukel. Der Türrahmen ist voller Größenmarkierungen. Die erste ist aus dem Juli 1993: Wlada, 110 cm. Die letzte ist aus dem Jahr 1999: 155 cm.

Auf diesen 60 Quadratmetern wurde so viel Leben gelebt. Opa tat sein Bestes, um dieses Leben zu konservieren. In dem Zimmer, in dem ich mit Mama wohnte, bewahrt er immer noch alle meine Schulhefte, alle Kuscheltiere, sogar meine Ü-Ei-Sammlung auf. Meine Bücher sind genauso angeordnet wie damals – in absteigender Reihenfolge der Male, die ich sie gelesen habe. Ich bin gerade dabei, sie abzustauben, als sich ein Schlüssel im Haustürschloss dreht.

Ein dürrer, sonnengegerbter alter Mann kommt herein. Er sieht gar nicht so schlecht aus, bloß nicht wie mein Opa, eher wie Hugh Hefner. Mein Opa war noch nie ein alter Mann. Seit ich auf der Welt bin, war er immer »ein Mann im besten Alter« mit Bürstenschnurrbart und einer Riesenwampe, die kaum hinter das Steuer seines 40 Jahre alten Ladas passte. Opa hatte eine Donnerstimme und riesige Hände, die früher Kohle schaufelten und in der Küche in einem komplizierten Röhrensystem Schnaps brauten, der in meiner Anwesenheit nur »destilliertes Wasser« genannt wurde.

Opa hatte riesige Hände, die Sachen kaputt machen und sie wieder reparieren konnten. Diese Hände, die früher oft auf den Tisch hauten und manchmal auf Sawas Po, erinnern jetzt an Vogelklauen. Ich ekele mich vor ihnen, ekele mich deshalb vor mir selbst und zwinge mich, den schlohweißen Flaum auf Opas sonnengebräuntem Schädel zu küssen. Es fühlt sich an, als würde ich meine Lippen in Kissenfedern versenken. Opa nimmt auch Elli in den Arm. Für sie ist es einfach. Ihr Blick könnte nicht verraten, wie alt Opa geworden ist – sie kennt ihn nicht anders. Elli darf genervt die Zärtlichkeiten über sich ergehen lassen. In ihrem Alter erwartet man nichts anders.

Dann drückt Opa mich noch mal mit seinen Vogelhänden, ganz fest. Ich drücke nur halb fest zurück. Ich habe Angst, ihn kaputt zu machen. Als Opa fragt, wie es uns geht, hat seine Stimme etwas Tattriges, Klagendes.

»Gut, gut, super!«, sage ich, ein bisschen zu euphorisch. »Und selbst?«

»Ach, Wladitschka, krank bin ich. Eine Schindmähre, die nicht einmal der Schlachter für die Wurst will.«

»Opa! Unsinn! Du bist noch nicht mal 70!«

»Ich sage ja: ein Fossil!«

Die durchschnittliche Lebenserwartung russischer Männer liegt bei nicht einmal 60 Jahren. Fast alle Kumpel von Opa sind inzwischen gestorben, die Saufkumpanen schon vor zehn Jahren. Opas Krankheiten sind seine Freunde geworden, seine Familienmitglieder. Er gibt ihnen liebevolle Namen: Magengeschwürchen, Osteo, Gallelein. Auf dem Küchentisch, an dem er früher mit uns zusammen saß, stehen Pillendöschen und Fläschchen. Mit ihnen nimmt er jetzt die Mahlzeiten ein. Opas Blick begleitet meinen Blick, der seinen Adamsapfel beim Pillenschlucken begleitet.

»Ach, Wladitschka, ich bin ständig krank, deswegen werde ich länger leben als ihr alle«, meint Opa und holt aus dem Bettwäscheschrank vier 50-Euro-Scheine, die er an Mama, Sawa, Elli und mich verteilt, obwohl wir uns fürchterlich wehren. Ich bekomme sogar noch einen Fünfer obendrauf, weil ich jetzt Bachelor bin. »Bäh-tsche-ler,« sagt Opa, »Berufe gibt's bei euch drüben, das gibt's ja gar nicht.«

Es gibt nichts zu tun, also gibt es die obligatorische Buttercremetorte, die wir mitgebracht haben. Opa stochert im Cremeröschen, dann verschwindet er auf dem Balkon, um Schnaps zu holen, den er immer noch selbst braut.

»Mama! Er darf doch nicht trinken!«, rege ich mich auf, aber sie winkt ab.

»Er darf nicht, und er will eigentlich auch gar nicht. Aber er will uns zeigen, dass er das immer noch kann.«

»Aber uns muss er doch nichts beweisen!«

»Uns nicht. Aber sich selbst.«

Also trinken wir. Opa gießt jedem über achtzehn ein bisschen »destilliertes Wasser« ein. Ich kippe mir das Gebräu in den Mund, der danach so schmeckt, als hätte ich eine Schweißsocke gelutscht. Als Opa Nachschub holen geht, legt Mama ihre Hand auf meinen Nacken.

»Bist du traurig?«, fragt sie.

»Ich bin so … so nicht«, sage ich. »War Opa traurig, als wir weggezogen sind?«

»So traurig, wie alle Eltern sind, wenn sie ihre Kinder gehen lassen müssen.«

»Bist *du* traurig?«

»So traurig, wie alle Kinder sind, die merken, dass ihre Eltern alt werden und man dagegen nur wenig tun kann.«

»Hast du ein schlechtes Gewissen, manchmal?«

»Ja«, sagt sie.

»Ja«, antworte ich.

Aber natürlich gibt es, wie immer in Russland, auch ein lachendes Auge, wenn das andere weinen will. Wir prosten trotzig »auf die Gesundheit«. Danach wird Opa schalkhaft fröhlich, so wie ich ihn von früher her kenne. Er erzählt von seiner Affäre mit der Klaudia aus dem

Nebenhaus und zeigt Fotos von sich und ihr an einem Badesee. Dann lässt er aber doch wieder die Nase hängen.

»Ich wollte doch mit euch zusammen alt werden!«, seufzt er und guckt in eine nur ihm bekannte Ferne.

»Aber Opa, du bist doch schon alt!«, tröstet Elli ihn.

»Stimmt auch wieder«, sagt Opa, und ein Lächeln streicht seine Runzeln ein wenig glatt. »Stimmt auch wieder.«

SCHTSCHOKINO:
Chronische Datscha

Die Russen lieben die Natur – am meisten solche, die nach ihren Vorstellungen geformt ist. Deshalb haben sie Datschas. Als wir noch bei den Großeltern lebten, fing der Ausflug ins Grüne so an: Früh am Samstagmorgen wurde Opas *Schiguli* bis obenhin mit Lebensmitteln und Familienmitgliedern beladen. Protest war zwecklos, die Teilnahme am Naturerlebnis war von Mai bis November Pflicht. In der nächsten halben Stunde rannten Opa und Oma zwischen Wohnung und Auto hin und her und luden vergessene, aber unverzichtbare Gegenstände in die Zwischenräume zwischen den Familienmitgliedern. Dann ging's auf die Datscha, ein fußballfeldgroßes Grundstück unweit der Stadtgrenze.

Meine Mutter hat immer viel über diese Familienausflüge geflucht, weil Tusovka am Wochenende mehr Spaß gemacht hat als Kartoffelfelder umzugraben. In Deutschland kaufte sie aber trotzdem so schnell es ging eine deutsche Datscha – einen Schrebergarten, den sie lieber »externen Garten« nennt.

Ein Ausflug ins Grüne fängt bei uns heute so an: Mama

packt eine Zeitschrift und Sonnencreme in ihre Handtasche, schnallt ein Picknickkörbchen auf den Gepäckträger und radelt los. Die Familie darf im Prinzip entscheiden, ob sie partizipieren will – radelt aber meistens hinterher, weil Mama den besten Inhalt des Kühlschranks mitgenommen hat. Sieben Fahrradminuten später sind wir im »externen Garten«, der so groß ist wie anderthalb Volleyballfelder.

Je nach Jahreszeit und Straßenzustand dauert der Weg zu der russischen Datscha zwischen einer halben und drei Stunden. Über holprige Straßen ziehen Kolonnen von Datschniki – also den Städtern, die freie Tage in ihrem Häuschen im Grünen verbringen wollen. In kaum einem anderen Land haben sie eine solche Tradition: Schätzungen zufolge haben etwa die Hälfte aller russischen Stadtbewohner eine Datscha. Es gibt sogar den Begriff »Datschnij-Saison« – die Zeitspanne zwischen April und Oktober, in der jede freie Minute und Energie dem eigenen Stückchen Land gewidmet wird.

Das Wort Datscha kommt wahrscheinlich vom russischen davat': geben. Eine »datscha« war ursprünglich die Gabe eines Herrschers. Im 19. Jahrhundert hatten vor allem die Wohlhabenden Sommerresidenzen außerhalb der Stadt. Erst in der Sowjetunion wurden die Datschen vordergründig zum Anbau von Obst und Gemüse genutzt. Heute ist Datscha ein sehr dehnbarer Begriff: Im Prinzip ist es einfach ein Haus außerhalb der Stadt. Das kann eine Box aus Pressspan auf 20 Quadratmeter Wiese sein oder ein mehrstöckiges Anwesen mit Swimmingpool und Satellitenschüssel.

Die Datscha meiner Großeltern ist weder das eine noch das andere, sondern liegt irgendwo dazwischen. Sie ist halb Reihenhaus (von der Fläche her), halb Gartenlaube (was die Einrichtung betrifft). Es gibt weder richtige Möbel noch fließend Wasser, nur ein Klohäuschen am Ende des Grundstücks gab es, als ich klein war.

Dieses Klohäuschen war fast so groß wie das Gartenhaus meiner Mutter. So ähnlich verhält es sich mit den restlichen Dimensionen. Meine Großeltern hatten ein Erdbeerfeld, meine Mama ein Erdbeerbeet. Meine Großeltern hatten früher einen alten Kohlewagen, in dem sie Regenwasser auffingen und uns Kinder badeten. Meine Mama hat einen aufblasbaren Swimmingpool, in dem die Hausschildkröte Sommerurlaub macht.

Seit Omas Tod ist das Stück Erde, auf dem ich meine Kindheit verbracht habe, verwildert. Meine Tante hilft ab und zu noch aus, muss sich aber auch um ihre eigene Datscha kümmern. Ansonsten bestellt mein Opa das Grundstück allein. Auch wenn wir wissen, dass es uns traurig machen wird, fahren wir mit der gesamten Familie dahin.

Und natürlich sind wir traurig. Die zweistöckige Datscha ist ein Geisterhaus, die Nachbarn sind vergreist, die Gegend ist wieder so verlassen, wie sie einst vor 50 Jahren war. Ende der Sechziger bekamen die Mitarbeiter des Bergbauwerks hier kleine Grundstücke, pflanzten Obstbäume und Gemüse und bauten ihre kleinen Lauben. In den Achtzigern bauten sie alles aus. Sie bauten Strommasten, sie bauten Bewässerungssysteme und Treibhäuser. In den Neunzigern schloss das Bergwerk. Es kamen arbeitslose Jugendliche und bauten Scheiß.

Auf Opas Grundstück klauten sie den Kohlewagen, wahrscheinlich wegen des Altmetalls. Das Klohäuschen wurde abgefackelt. Wo früher Beete und Gewächshäuser waren, wächst heute Gras, so hoch wie Elli. Mein Opa hat der Natur 15 Quadratmeter abgetrotzt. Dort wachsen feuerrote Gladiolen, quietschgelbe Astern und drei welke Gurken.

Meiner Tante gefällt es hier trotzdem besser als auf Mamas »Bonsai-Datscha«. Als sie bei uns in Deutschland zu Besuch war, lachte sie lange über das einsame Kartoffelpflänzchen, ein Heimatkundeprojekt meiner kleinen Schwester. Unter dem Motto »Von der Knolle bis zu den Pommes« sollten die Kinder lernen, wie Kartoffeln wachsen. Mit dem Kartoffelertrag meiner Großeltern hätte man problemlos die gesamte Schule ein Jahr lang mit Pommes versorgen können. Meine Tante fand alles zu klein, nicht funktionell genug, viel zu geometrisch und akkurat. Und wozu bloß so viel Gras? Dort, wo Rasen ist, hätte man ja wunderbar Nutzpflanzen anbauen können! »Die Deutschen haben doch das mit ›Form folgt Funktion‹ erfunden – wo ist sie denn, diese Funktion? Hier gibt's doch nicht mal für zwei Stunden Arbeit!«

Meine Mutter erklärte, dass die Schrebergärten nicht dazu da sind, um dort zu arbeiten, sondern vor allen Dingen, um sich zu erholen. »Aber da kann ich doch in den Park gehen!«, konterte meine Tante.

Wenn ich solche Diskussionen höre, frage ich mich, wie deutsch meine Mama und mein Stiefvater sind. Zehn Prozent deutsch? 20 Prozent deutsch? Meine Mama verbrachte die ersten 30 Jahre ihres Lebens in Russland, mein Stiefvater die ersten 34. Verwässert das Russische in dem Alter noch? Kann man das Deutsche noch lernen?

In manchen Punkten unterscheiden sich meine Eltern kaum von ihren Nachbarn: Sie sind gegen Atomstrom, sie haben eines dieser wundersamen Vorwerk-Küchengeräte und verwerten benutztes Badewasser zum Bodenwischen – damit ja kein Tropfen verloren geht. Manche Dinge werden sie aber nie verstehen: die Wichtigkeit der Kehrwoche. Die Schreiben ihres Steuerberaters. Warum vor ALDI lauter BMWs parken. Warum Vollkornbrot teurer ist als das »feine« weiße. Dass es nicht okay ist, einen Zehner bei den Nachbarn zu borgen. Dass es okay ist, wenn Männer besser und öfter kochen als Frauen. Dass es zum guten Ton gehört, über die Deutsche Bahn zu meckern, auch wenn sie ihnen wie die pünktlichste Institution der Welt erscheint.

Manchmal finde ich es komisch, in einer Welt zu leben, die ich viel besser verstehe als meine Erziehungsberechtigten. Als Kind wünschte ich mir manchmal Eltern, wie sie meine deutschen Freunde hatten: graue Haare, glatte Gesichter, Vater Ingenieur, Mutter Lehrerin. Sie brauchten keine Hilfe, um das Schreiben der Krankenkasse zu übersetzen, und checkten die Sache mit den Feiertagen, anstatt mir »Alles Gute zu Weihnachten« zu wünschen und zu Ostern gefärbte Hühnereier mit dem Spaten im Garten zu verbuddeln.

Und gelegentlich trieb mich ihre Liebe in den Wahnsinn. Russische Elternliebe ist hyperloyal und -fürsorglich, anstrengend, zu laut und irgendwie immer ein bisschen zu viel. Meine Mama will an meinem Leben teilnehmen:

meinem Glück, meinem Leid, meinen Regelbeschwerden. Sie will mich vor allem Bösen beschützen und alle Ungerechtigkeiten der Welt mit ihrer Liebe glattstreichen.

Nach einem Besuch bei den Eltern fühle ich mich so, als hätte ich das komplette Menü der Zuneigung auf einmal von vorne bis hinten bestellt. Kein Mensch kann so viel Liebe essen, trinken und im Gepäck mit nach Hause schleppen. Meine Freundinnen bringen aus dem Heimaturlaub ein Buch aus dem elterlichen Regal mit und ein Glas hausgemachter Marmelade. Ich schleppe Suppe in Dreilitergläsern von Süddeutschland nach Berlin sowie kilogrammweise Bücher und Obst, Bonbons, ja, auch Kartoffeln und Brot. Schickt meine Mutter mir ein Päckchen zum Nikolaustag, sind darin nicht einfach ein Adventskalender und ein paar Plätzchen, sondern ein Lebensmitteleinkauf für die nächsten zwei Wochen. Als schickten sie Fresspakete in das belagerte Leningrad: Halte durch, Tochter, in drei Wochen bist du bei uns!

Meine Eltern sind die Einzigen, die einen Jahresvorrat an Schmand und sauren Gurken zu Hause horten. Dafür verlaufen die Weihnachtsfeste im Vergleich zu denen meiner Freunde sehr entspannt: Am 24. Dezember tanzen wir ein bisschen Limbo, weil meine Eltern das auf einer Betriebsfeier so gesehen haben, und essen deutsche Gans mit russischem Weißkohlbraten. Danach fällt niemanden mehr etwas Weihnachtliches ein. Also stoßen wir verlegen auf das Geburtstagskind Jesus an und hängen die übrigen Feiertage einfach auf der Couch herum, gucken alte russische Filme und essen Reste.

In vielen Dingen begrüße ich das Deutschsein meiner Eltern sehr. Zum Beispiel bin ich froh, dass wir keine Datscha haben, auf der ich schuften muss. Ökonomisch vernünftig rechnen meine eingedeutschten Eltern den russischen Verwandten vor, dass die Kosten fürs Pendeln den Preis für das Marktgemüse bei Weitem übersteigen. Aber darum geht es meinem Opa und meiner Tante gar nicht. Sie graben, pflügen, säen, ernten und fluchen über die Käferplage und über die Nachbarn. Voller Leidenschaft und bis zur absoluten Erschöpfung. Nach dem Prinzip: »Man muss nach dem Wochenende so kaputt sein, die Natur so satt haben, dass man sich auf den Montag im Büro freut.« Nur so tun, als ob, reicht ihnen nicht.

Auf der Datscha wird ordentlich angepackt: Wer beim Arbeiten nicht richtig dreckig wird und danach nicht vor Entkräftung umfällt –, der könnte ja auch Blumen auf dem Fensterbrett züchten. Die ganze Familie muss ran. Am Ende des Tages haben alle Muskelkater, schwarze Ränder unter den Fingernägeln und Hunger auf den Schaschlik. Vereint durch die Anstrengung sitzen Datschniki zusammen, rammen die Zähne in das saftige Fleisch und beschweren sich über Kreuzschmerzen.

Meine Mutter versteht nicht: Warum ruiniert man die Gesundheit dort, wo man sie pflegen könnte? Mein Opa und meine Tante winken nur ab. Es brächte nichts, das Prinzip Datscha zu erklären. Man müsste es fühlen.

Als meine Tante wegen ihres Rückens beim Arzt war, fragte er, was für Beschwerden sie denn habe.

»Datscha«, sagte meine Tante.

»Tja, das ist chronisch!«

Entfernung nach Berlin: 1 610 km
Entfernung nach Schtschokino: 194 km
Einwohner: 11,6 Millionen

MOSKAU

Москва

Das macht hier Spaß: *Es gibt nichts, was es in Moskau nicht gibt: von Baby-Alligatoren bis hin zu Alibis, auf deren Vermittlung sich eine Agentur spezialisiert hat.*

Das nervt: *All das muss man bezahlen – Moskau ist die größte, aber auch die teuerste Metropole auf dem europäischen Kontinent. „Die grünste Stadt unseres Landes", witzeln Russen. Gemeint ist dabei die Dollardichte und nicht die Natur. Hier wohnen 70 Milliardäre – mehr als in irgendeiner anderen Stadt auf der Welt.*

Das sagt der Reiseführer: *Harte Schale, großes Herz. Die Moskauer werden nicht müde über Hektik, hohe Mieten und Immobilienpreise sowie chronische Staus zu lästern, aber alle sind sich einig: Schlimmer als in der Hauptstadt zu wohnen ist nur eins – in eine andere Stadt ziehen zu müssen.*

Das sagen die Einwohner: *Die Seelen der Sünder kommen nach dem Tod hinter den MKAD (das ist der zehnspurige Moskauer Autobahnring, der die Metropole umrundet und den Einwohnern als Stadtgrenze gilt).*

Das sagen die Besucher: *Moskau ist eine Stadt der Kontraste. In fünfzehn Minuten kommt man zu Fuß weiter als in einer Stunde mit dem Auto! (Ein Witzbold soll sogar das Verkehrszeichen in der Innenstadt von 60 km/h auf 60 h/km umgeändert haben.)*

MOSKAU:
Irre anziehend

Alle Russen wissen: Moskau ist nicht die Hauptstadt von Russland. Moskau ist die Hauptstadt einer eigenen Welt, mit elf Millionen Einwohnern und ungefähr genauso vielen Namen: »Drittes Rom« nannte der Mönch Philotheus Moskau in seinen Briefen an den Zaren. Als »das faulige Herz eines halbtoten Imperiums«, bezeichnete sie Otto von F., der empfindsame Held des Kultromans »Moscoviada«. Lurkmore.com spricht von »Emirat Moskau – einem Stadtstaat, der Russland okkupiert hat«, die bildungselitären St. Petersburger vom »großen Dorf« und »dem größten Irrenhaus der Welt«.

Den Moskowitern macht es wenig aus, was im Rest des Landes über sie gesprochen wird. Gerüchten nach stellen sie sich die Welt außerhalb des städtischen Autobahnrings MKAD sowieso als ein Niemandsland vor, in dem E-Mails noch mit Brieftauben verschickt werden und Wodka-mit-Bier als ein Longdrink gilt. Ihrer Meinung warten die Einwohner von HinterMKADien auf die erstbeste Gelegenheit, nach Moskau zu ziehen, und die chronisch verstopften Straßen endgültig zum Stillstand zu bringen. (Die Ausnahme sind Bewohner von Rublevka – aber darüber später.)

Beide haben recht: Moskau ist ein Moloch und ein Sehnsuchtsort. Der beliebteste Film über die Hauptstadt ist wohl »Moskau glaubt den Tränen nicht« aus dem Jahr 1979, eine Art sowjetisches »Sex and the City. Der Film«, der sogar einen Oscar bekommen hat. Die Handlung ist in etwa folgende: Drei Provinzhühner – die verträumte Macherin, die Männerfresserin und die Romantische – kommen nach Moskau, um die Stadt zu erobern und die große Liebe zu finden. Es geht um Arschloch-Männer, ein bisschen Großstadtglamour und hübsche Klamotten. Die dünnste der Freundinnen bekommt den Kerl, der Mr Big erstaunlich ähnlich sieht. Der einzige Unterschied: Anders als in New York hat sie Sex eher auf Klappsofas, und dabei passieren Kinder. Außerdem haben die drei keinen begehbaren Kleiderschrank voll mit Designerklamotten, sondern wohnen zu dritt im Wohnheim und müssen Kleider untereinander tauschen. Ach ja, Mr Big ist Klempner.

Vermutlich ist der Film nach wie vor sehr beliebt, weil der Titel das Gefühl der Stadt sehr gut trifft. Moskau ist gnadenlos, anderseits aber auch eine Petrischale für Erfolgsgeschichten, das Herz Russlands und ihr Parasit, der das Geld, Ressourcen und Talente aus den 17 Millionen Quadratkilometern des Landes in sich einsaugt. Es ist ein Welt-Dorf, in dem mehr Millionäre leben als in New York, mit einem Stadtkern, den man jahrelang nicht zu verlassen braucht, ohne etwas zu vermissen, umringt von der unendlichen Peripherie der Hochhäuser, in denen

Menschen leben wie Hühner in der Massentierhaltung. Moskau ist ein Schlund, in dessen Herzen ein einbalsamierter toter Mann liegt. Ein Tisch in einem Club kann in Moskau schon mal 250 Euro kosten. Die Hauptstadt ist ein Nimmersatt, der mit seiner Größe verrückt macht, mit seinen Preisen und der tiefen Kluft zwischen Habe-Nichts und Habe-Yachts.

Vielleicht trifft man hier deshalb besonders viele verwirrte Menschen. Vielleicht ist das einfach ein statistisches Ding. In einer Stadt, in der offiziell jeder dreizehnte russische Einwohner wohnt und inoffiziell noch viel, viel mehr, leben sicherlich genug echte Verrückte, um eine Kleinstadt zu bevölkern. Und ich habe Irre schon immer angezogen wie ein Honigtopf die Fliegen. Betritt ein brabbelnder Alter die U-Bahn, weiß ich: Er wird sich neben mich setzen. Die Tourette-Lady wird die kernigsten Schimpfwörter für mich aufsparen. Einmal hat mir ein Kerl, der im Januar nichts anderes trug als weiße Leinenhosen und knielange Dreads, eine Feder aus seinen Haaren geschenkt.

Und tatsächlich: Es ist kaum fünfzehn Minuten her, dass ich in Moskau angekommen bin, da hat schon der erste Irre Vertrauen zu mir gefasst. Ich stehe auf einer ewig langen Rolltreppe in der Metro, hänge guten Gedanken nach und lächele diffus durch die Gegend. Warum auch nicht? Draußen scheint die Sonne, ich bin zum ersten Mal für eine längere Zeit in Moskau, in meiner Hand schmilzt ein Eskimo-Eis.

Aber vielleicht ist genau das das Problem: In Russland geht man Menschen, die grundlos lächeln, lieber aus dem

Weg – sogar der mutmaßliche Kleinkriminelle in Tomsk hat sich davon einschüchtern lassen. Es sei denn, man verdient Geld mit Touristen. Oder ist ein Psychopath. Solche rennen den Lächlern hinterher. Denn sie könnten eine Geldquelle sein. Oder Gleichgesinnte.

»Junge Frau!«, schreit ein Kerl von der Nachbartreppe, die Menschen in die entgegengesetzte Richtung ans Tageslicht befördert. »Junge Frau! Ich habe Ihnen spontan ein Gedicht geschrieben. Ich trage es jetzt vor.«

Gegen den Menschenstrom, gegen die Rolltreppe und gegen meinen Willen, rennt er herunter und rezitiert etwas Unverständliches, aus dem ich die Worte »Fremde« und »Augenblick« raushören kann. »Warten Sie! Warten Sie doch!«, schreit er zwischendurch.

Was könnte ich denn sonst tun? Die Rolltreppe spuckt mich direkt vor seinen Füßen aus. Er hat dünne, blonde Haare, zwischen denen rosa Kopfhaut hindurchschimmert, und fischige Augen mit einer hellen Iris. Guckt man zu lange in sie rein, hat man das Gefühl, in Milch zu ertrinken. Alter – undefinierbar. Er hat einen teenagerdürren Körper und gleichzeitig eine Plautze. »Walentin«, sagt mein Bekannter atemlos und gibt mir seine feuchtwarme Hand. »Poet.

Hat's Ihnen denn gefallen?«, fragt er.

Ich überlege kurz, ob ich die russische Sprache verlernen soll, aber meine Zunge ist schneller als mein Verstand. »Wunderschön«, sage ich. »Meine U-Bahn kommt gleich.«

»Sie kommt alle drei Minuten«, meint der Poet.

»Ja, aber ich brauche *unbedingt* diese eine.«

»Bekomme ich Ihre Handynummer?«

Ich verfluche meine humanistische Bildung. Diesen eingeimpften Glauben, dass alles Nichtglänzende auch Gold sein könnte. Diese Maxime, dass die Liebe zur Kunst Menschen verbindet, ja, auch mit schwitzigen, irräugigen Menschen in der Moskauer Metro. Ich hasse meine Erziehung, die mir nahelegt, gedichteschreibende Verrücke nicht für Verrückte zu halten, sondern für Genies. Ich hasse sie, und ich hasse mich, während meine Finger meine Nummer in sein Telefon eintippen.

»Ich habe in Ihnen sofort eine verwandte Seele erkannt«, erklärt der Poet. »Eine zarte, verlorene Seele.«

Noch zwei Minuten, bis die nächste Bahn kommt.

»Mögen Sie Hamster?«, fragt mein neuer Bekannter.

»Ähh … Ja?«, antworte ich.

»Warum?«

»Warum sollte ich sie nicht mögen?«

»Eben! Eben! Ich wusste, Sie werden mich verstehen. Wie kann man sie nicht lieben, diese unschuldigen Wesen! Diese pochenden Herzen mit Flaum drumherum.«

In unseren verbleibenden 45 Sekunden zeigt mir Walentin 30 Bilder von Hamstern: lachende Hamster, niesende Hamster, pupsende Hamster, Hamster mit Blumen in der Hand. In die Bahn folgt er mir nicht. Sagt, er habe zu tun. Muss schreiben. Ich hätte ihn inspiriert.

Als ich aus der U-Bahn steige und die Moskauer Luft einatme, die nach heißem Asphalt riecht, nach Grillfleisch und Abgasen, piept mein Handy. Walentin hat mir ein GIF eines Hamsters geschickt. Ein GIF von einem Hamster.

Der Hamster lächelt und winkt. Als würde er mich in der Hauptklapsmühle des Landes begrüßen.

MOSKAU:
Klischees haben lange Beine

Moskau ist nicht nur ein Tummelplatz für Verrückte, sondern auch ein Geburtsort vieler Mythen. Und ich bin dort, wo ein großer Teil von ihnen zur Welt kommt: *Rublevka.* So wird im Volksmund die sagen- und gerüchteumwobene Wohngegend entlang der Rubljowo-Uspenskoje-Chaussee genannt. Hier gibt es die höchsten Grundstückspreise und wahrscheinlich die größte Prominenten- und Millionärsdichte im ganzen Land.

Den einen ist eine Rublevka-Adresse ein Lebensziel, den anderen gilt sie als Zeichen für schlechten Geschmack. Im Prinzip ist Rublevka einfach ein Landstrich voll gut bewachter Villen, das »teuerste Ghetto Russlands«, wie Lurkmore es nennt. Doch es ist mehr: Die Rublevka-Trophäen-Ehefrau und der Rublevka Oligarch gehören inzwischen so fest zur russischen Folklore wie Baba Yaga.

Rublevka liegt hinter dem städtischen Autobahnring MKAD und gehört somit für jeden Moskauer in die Kategorie »Arsch der Welt«. Faktisch ist aber in Russland ein großer Teil von Politik und Finanzen am Arsch: Politiker leben in Rublevka neben Unternehmern, neben erfolgreichen Journalisten, neben Popstars, neben Geld-Proletariat. Die offizielle Residenz der Präsidenten befindet sich hier, Chodorkowski wohnte in einem Dorf, das zu Rublevka gezählt wird, auch der Regisseur Nikita Michalkow, Popstars wie Lada Dance, Manager und einfache Superreiche.

Es ist eine exklusive Welt, in die man nur schwer hineinkommt, zu der man aber vergleichsweise einfach hinkommen kann: bis zur Endhaltestelle der blauen Filowskaja-Linie fahren, dann eine Marschrutka nehmen oder ein Taxi für fünf Euro.

Ich fahre in eine Siedlung, die zur Rublevka gezählt wird, um Matthias zu besuchen, einen deutschen Expat. Matthias ist Mitte 30, die Frauenzeitschrift »Marie Claire« wählte ihn 2010 zum sechstbegehrtesten Bachelor Moskaus. Vor sieben Jahren kam Matthias nach Moskau als Manager eines Luxusartikel-Unternehmens und arbeitete so viel, dass er Russland hauptsächlich aus den Fenstern seines Büros sah oder aus dem Taxi auf dem Weg dahin. Deswegen machte er sich nach ein paar Jahren selbständig und zog aus der Innenstadt ins Grüne.

Jetzt berät Matthias ausländische Firmen zum Business in Russland, stellt mal eine Luxusmesse auf die Beine, mal einen Versand für goldene Schnuller, züchtet Tomaten in seinem Garten oder düst mit seinem Segway durch die Nachbarschaft. Sein Domizil nennt Matthias »Datscha« – ziemlich viel Understatement für das zweistöckige Holzhaus mit Gästezimmern und einem wunderbar verwunschenen Garten. Andererseits: Inmitten der benachbarten Paläste wirkt sein Haus fast schon bescheiden.

Die wundersame Welt der Superreichen ist direkt vor der Tür. Sie sieht verlassen aus, vielleicht weil es Sonntag ist, vielleicht wegen der Sicherheitsbedenken der Bodyguards, vielleicht weil alles, was man braucht, hier direkt nach Hause kommt – oder schon da ist. Wir fahren vorbei an Villen mit hauseigenen Kirchen, an Betonwänden, die zweimal so hoch sind wie die Berliner Mauer, hinter denen milliardenschwere Villen eingefasst sind und an einem Jogger, dessen Gesicht mir aus dem Fernsehen bekannt vorkommt. Etwas weiter liegt »Barwicha-Luxusdorf« – ein Shoppingcenter, in dem man alles für den täglichen Bedarf kaufen kann: eine Armani-Unterhose, eine Prada-Tasche oder eine Harley-Davidson.

Dahinter reihen sich Retortenvillen, klongleiche McMansions. Sie sollten von Millionären bezogen werden, die dann aber während der Wirtschaftskrise 2008 pleite gegangen sind. Als sollten sie bewacht werden, liegt in einer Seitenstraße ein Rudel Löwen – überlebensgroße Ungeheuer aus Gips, wie man sie vor Gerichtsgebäuden und Theatern kennt, daneben Tiger, Ziegen, eine Gruppe Meerjungfrauen, die sich um einen Wassermann schlingen, und ein Engel, der auf einem Elefanten reitet. Auch eine Nachbildung des Schlosses Neuschwanstein kann man hier erwerben, das hier als »Disney Schloss« angeboten wird, umgerechnet nur etwa 95 000 Euro das Stück.

Wir spazieren durch den Wunderzoo aus Stein und fahren dann einen Multimillionär besuchen, den Sohn eines Multimilliardärs, den Matthias von einer Party kennt. Auch er scheint ein Faible für mächtige Tiere zu haben. In seiner Hochsicherheitsgarage begrüßt uns ein ausgestopfter Bär, der eine Pelzmütze trägt und eine Russlandfahne in seinen Pfoten hält. Außerdem kommt ein kleines Hunderudel angelaufen, ein Boxer, fies aussehende Hunde, deren Rasse ich nicht kenne, und Chihuahuas. Auch wenn ich hoffte, dass alles anders sein würde, ist es genauso wie man es aus den Superreichen-Reportagen kennt: riesige Flachbildschirmfernseher, Tapeten aus Seide, wasserstoffblonde Freundin im lachsfarbenen Trainingsanzug.

Bloß dass das Paar nicht gerade diamantenverzierte Trüffelpralinen futtert oder ein Veuve-Clicquot-Bad nimmt, sondern dasselbe tut wie die meisten Paare an einem Sonntagabend. Fernsehen. Die Gastgeber freuen sich zwar, uns zu sehen, verstehen aber nicht ganz, warum wir da sind. Wir wissen es auch nicht so wirklich. Also fahren wir nach Hause, setzen uns in Matthias' Holzküche, essen Schmand mit russischer Marmelade und quatschen über das »Mysterium Russland«.

Lustigerweise kann Matthias mir einige russische Phänomene viel besser erklären als die Russen selbst – weil er den Grund meines Nichtverstehens kennt und auch die Klischeevorstellungen, die ich aus Deutschland mit nach Russland gebracht habe.

Die Sache ist: Meine Herkunft ist russisch. Meine Russlandbilder aber sind ziemlich deutsch, aufgebaut von den oben genannten Reportagen über Superreiche, slawische Ehefrauen aus dem Internet und Horror-Russen aus dem Cluburlaub. Folglich habe ich auf meiner Reise Ausschau nach langbeinigen Russinnen gehalten, nach grummeligen Verkäuferinnen und nach gastfreundlichen Häusern. Natürlich habe ich sie auch gefunden.

Und ich weiß auch, dass Stereotype an sich nicht schlimm sind. Sie sind sogar notwendig, weil sie in vielen alltäglichen Situationen die Komplexität der Welt reduzieren und uns vor Überforderung schützen. Ohne Schubladen, in die wir das Geschehen um uns herum schnell einordnen können, wären wir handlungsunfähig. Man darf sie nur nicht mit einem Schlüssel absperren und sollte jederzeit bereit sein, den Inhalt der Schubladen in einem Rutsch auf den Boden zu kehren und wieder neu einzuordnen. Als Journalistin kann ich sowieso nicht das »wahre Russland« zeigen, sondern nur einen Ausschnitt, den ich zu einem bestimmten Zeitpunkt wahrgenommen habe und anhand meines Weltverständnisses interpretierte. Deswegen traue ich auch keinem Buch, das verspricht, »mit allen Klischees eines Landes aufzuräumen« – das wird höchstens auf krampfhafte Gegenstereotypisierung hinauslaufen.

Stereotype sind also nicht unbedingt schädlich. Sie können sogar hilfreich sein, wenn man sie nicht als der Weisheit letzten Schluss betrachtet.

Das ist im Laufe meiner Reise aus den Top-Drei meiner Russland-Stereotype geworden:

1. Schöne Russinnen

Auf dem internationalen Heiratsmarkt gelten Russinnen als begehrtes, wenn auch herausforderndes »Material«. Die Welt weiß Bescheid: Die Russinnen sind die schönsten Frauen der Welt, mit den längsten Beinen, den kürzesten Röcken, den höchsten High Heels und ebensolchen Ansprüchen. Ehrgeizig stöckeln sie über Männerköpfe hinweg, stolpern aber sofort, sobald sich starke Männerarme finden, in die sie fallen können. Russinnen haben Biss, sie haben Krallen, für dessen Schärfung sie einen beachtlichen Teil ihres Einkommens aufwenden, um sich mit ihnen einen Oligarchen oder notfalls einen Europäer zu schnappen. Weil Erstere Mangelware sind, sind »heiße russische Ehefrauen« für Deutsche nur einen Mausklick im Internet entfernt wie DVDs bei Amazon. Werden sie aber ins Ausland geliefert, shoppen sie die Kreditkarten ihres Angetrauten leer, telefonieren stundenlang nach Hause, kochen Gerichte mit sehr viel Butter, werden augenblicklich dick und verwandeln sich in runde Babuschkas mit goldenen Zähnen.

Soweit das Vorurteil. Meine Oma sagt: Frauen sind wie Hunde – es gibt große und kleine, dicke und dünne, rassige und lausige. Und natürlich hat sie recht: Hier gibt es Frauen jeder Form und jeden Schönheitsgrades. Wie kommen Ausländer bloß darauf, dass Russland von leicht bekleideten Supermodels bevölkert ist?

Weil sie andere gar nicht sehen wollen – und auch nicht zu sehen bekommen, mutmaßt Matthias. Die meisten Touristen reisen in Großstädte. Und diese sind ein Sammelbecken für Schönheiten aus dem ganzen Land, eine Art mehrstufiges Casting. Schöne Mädchen aus ganz Russland suchen hier ihr Glück – je erfolgreicher und schöner sie sind, desto näher kommen sie an die Innenstadt mit ihren teuren Boutiquen und Restaurants. Wer also im Zentrum von Moskau promeniert, bekommt die Crème de la Crème de la Crème der russischen Schönheit zu sehen – und hält sie für den Regelfall.

Alternativverklärung I: Europäer mögen sogenannte slawische Gesichtszüge – hohe Wangenknochen, Mandelaugen, runde Gesichter. Außerdem wurde die europäische Vorstellung von Schönheit von den osteuropäischen Models auf dem Laufsteg geprägt. Russinnen waren eine Zeit lang begehrte, weil billige und tugendhafte Catwalk-Arbeitskräfte.

Alternativverklärung II: Russische Frauen sind schön, weil sie schön sein *wollen* – und bereit sind, dafür einiges zu tun. Ich habe elfjährige russische Mädchen kennengelernt, die sich von Trennkost ernähren und zum Nachtisch nur einen Sauerstoffcocktail bekommen. In keinem anderen Land der Welt ist »wer schön sein will, muss leiden« so wahr. Was leider wiederum in das Klischee der Osteuropäerin mit blauem Lidschatten und Presswurst-Leopardendress mündet.

2. Unfreundliche Russen (im Dienstleistungssektor)

Hierzu nur beispielhafte Evidenz, die sich zugegebenermaßen ziemlich oft bestätigte. Durch einen Dialog am russischen Kiosk etwa:

»Eine Flasche Wasser bitte.«

»23 Rubel. Passend, ich habe kein Wechselgeld.«

»Ich habe leider nur 50 Rubel. Oder 20.«

»Dann kann ich es Ihnen nicht verkaufen.«

(Eine ältere Dame erbarmt sich und schießt drei Rubel hinzu, ich kaufe das Wasser und mache Platz für den nächsten Kunden. Dieser legt einen Fünfziger auf den Tresen.)

»Eine Flasche Baltika.«

»27 Rubel. Passend. Sonst werde ich es Ihnen nicht verkaufen.«

3. Gastfreundliche Russen

Es dauert lange, bis ein Russe jemanden über seine Türschwelle lässt. Wer aber einmal drin ist, ist drin. Und zwar nicht nur im Haus des Gastgebers, sondern auch in seinem Leben. Wie man in russischen Märchen sagt, wird man »gefüttert, getränkt und schlafen gelegt«, außerdem der Oma vorgestellt, überallhin mitgenommen und am Ende mit zwei Kilo Proviant für den weiteren Weg beladen.

Die Couchsurfing-Community besteht wahrscheinlich ohnehin aus den gastfreundlichsten Menschen der Welt. Couchsurfing in Russland setzt noch einen drauf. Die Russen laden nicht nur dann ein, wenn »die Umstände stimmen«, sondern nehmen zuerst Gäste auf und schaffen dann die passenden Umstände. Auf meiner Reise haben wir zu viert in Einzimmerwohnungen übernachtet. Meinen Schlafsack habe ich kein einziges Mal gebraucht. Als Gast bekam ich selbstverständlich das Bett – auch wenn es das einzige in der Wohnung war.

Die Russen nehmen all diese Klischees mit Humor. Und natürlich haben auch sie so ihre Vorstellungen über die Deutschen: Sie sollen verlässlich, gründlich und pünktlich auf die Sekunde sein. Ein russischer Witz geht so: »Was ist ein Russe mit deutscher Pünktlichkeit? Jemand, der jeden Tag genau zwei Stunden zu spät zur Arbeit kommt.«

Auf der anderen Seite wird Deutschen Pedanterie und Geiz beschieden. Die Beliebtheit von FKK bei den Deutschen erklären böse russische Zungen damit, dass sie nicht jede Saison einen neuen Bikini für ihre Frau kaufen wollen.

Halb bewundert, halb verspottet wird auch die deutsche Effizienz. Die Russen machen sich darüber lustig, dass die Deutschen nicht arbeiten, um zu leben, sondern leben, um zu arbeiten. Auch dazu ein Witz: »Was ist der Traum eines Deutschen? Eine Million verdienen. Was ist der Traum eines Russen? Eine Million ausgeben.«

MOSKAU:
Alles ist relativ, nur Wodka ist absolut

S*oljanka* ist eigentlich eine traditionelle russische Suppe mit Salzgurken und verschiedenen Fleisch- oder Wurstsorten. »Soljanka« heißt aber auch ein angesagter Club in Moskau. Anders als in den meisten exklusiven Moskauer Etablissements wird das Publikum hier nicht strikt nach Kontostand getrennt. Die unterschiedlichsten Spezies »wursten sich« im »Soljanka« nebeneinander: jung und weniger jung, Stehkragen und aufwendig zerrissene Feinrippshirts, Möchtegerns und irgendein wohl tatsächlich berühmter Model-Moderator-Popstar-Typ, den alle kennen außer mir.

Es ist erst kurz nach zwölf. Noch hält der DJ die Menge auf Sparflamme – eine gute Soljanka braucht ihre Zeit. Die Gäste wärmen sich langsam an der Bar auf, mit Bier, Sekt, Wein und aufwendigen Cocktails.

Halt, wo ist der Wodka?, wird der russlandkundige Ausländer fragen. Der pure Wodka, der in Russland in Strömen fließt und der hier aus Latte-macchiato-Gläsern getrunken wird. Oder gar direkt aus der Flasche? Denn die ganze Welt weiß Bescheid: Wodka ist der Treibstoff jeder russischen Party. Russen saugen Wodka mit der Muttermilch auf und saufen ihn später dann eimerweise, ohne davon betrunken zu werden und danach einen Kater zu haben.

Tut mir leid, aber in diesem Club habe ich niemanden puren Wodka trinken sehen. Wie übrigens auf meiner ganzen Reise.

Wie? Und was ist mit all den Fremden, die sich hartnäckig mit Ausländern mittels Wodka verbrüdern wollen und sie bei Ablehnung vermöbeln?, wird sich der russlandkundige Nichtrusse wundern. Wie habe ich dann Freundschaften geschlossen? Was ist mit dem russischen Team-Spirit, der angeblich nur mit hartem Spiritus heraufbeschworen werden kann?

Auf meiner Reise hat man dafür keinen Schnaps gebraucht, oft haben Limo oder schwarzer Tee den Zweck erfüllt. All die Reiseführertipps, wie man Saufeinladungen ausschlägt (Wodkaallergie! Ehemaliger Alkoholismus!), habe ich nicht benötigt. Drei meiner russischen Gastgeber waren sogar absolute Abstinenzler. Und wenn ich mit den jungen Russen etwas getrunken habe, war es meist Baltika – das Bier der größten russischen Brauerei. Es ist das russische Standardgetränk, das meistens nicht einmal mit dem Namen genannt werden muss, sondern allein mit der Nummer, die für seine Stärke steht.

Auch im »Soljanka« scheint Bier beliebt zu sein: Ein etwas blasierter Typ in einem Sakko über der nackten Brust lehnt sich auf den Tresen und brüllt gegen die Musik: »Eine Sieben, bitte!« Der Barkeeper serviert ihm ein klassisches helles Baltika-Lagerbier. Ich frage den

Sakko-Typ, warum er keinen Wodka trinkt. Er fragt mich zunächst, wo ich gelernt habe, so gut Russisch zu sprechen und aus welchem Land ich komme. »Wodka pur? In Clubs trinken das nur Asis, alte Menschen und Ausländer«, sagt der Sakko-Typ dann. Er selbst akzeptiere Wodka höchstens als Cocktailzutat. Und dann am liebsten den schwedischen »Absolut« – dem einheimischen Wodka traue er nicht.

Eine Reiseführerin, die ich in Omsk kennengelernt habe, hat es ähnlich formuliert: Den meisten Wodka saufen in Russland die deutschen Touristen. Das ist natürlich übertrieben. Und natürlich ist meine Stichprobe aus urbanen, jungen Großstädtern nicht wirklich repräsentativ für das gesamte Land. Vielleicht lehnt meine Generation puren Wodka deshalb ab, weil es sie an Familienfeiern erinnert, bei denen Onkel Mischa mit dem Gesicht im Salat einschlief, oder an Alkoholiker mit vollgepissten Hosen.

Ein Lifestyle-Getränk scheint Wodka nicht gerade zu sein, ein Nationalgetränk ist es wahrscheinlich trotzdem: Laut der Fachzeitschrift »Drinks International« ist Russland immer noch der größte Absatzmarkt für Wodka. Der Aufsatz »Die Geschichte des Wodkas« ist Standardlektüre eines jeden russischen Trinkers, der etwas auf sich hält. Es gibt Bücher über die Heilkräfte des Wodkas und ein Museum in Moskau, das allein dem Getränk gewidmet ist.

Der Sakko-Typ hat inzwischen beschlossen, mich über die Gefahren des Wodkas aufzuklären. Er holt sein Smartphone heraus und zeigt mir auf YouTube Zusammenschnitte von peinlichen Auftritten des Wodka-Liebhabers Präsident Jelzin, die hier einen ähnlichen Kultstatus haben wie in Deutschland der Clip, in dem David Hasselhoff versucht, einen Hamburger zu essen.

Das Jelzin-Video zeigt Eskapaden des augenscheinlich alkoholisierten Präsidenten. Jelzin kippt einen Wodka-Shot herunter, Jelzin hüpft auf der Bühne wie ein Tanzbär, Jelzin dirigiert sichtlich betrunken ein Orchester, Jelzin hält eine Neujahrsansprache, in der er aussieht, als sei dieses neue Jahr für ihn bereits vorbei.

Überhaupt sind russische Politiker und Alkohol eine Geschichte für sich. Wiktor Tschernomyrdin, der langjährige Premierminister Russlands, sagte: »Besser als Wodka gibt es nichts Schlimmeres.« Präsident Breschnew galt als Trinker, Präsident Chernenko soll an einer Leberzirrhose gestorben sein.

Lange hat auch die Staatskasse vom Alkohol profitiert. In der Sowjetunion hatte seit der Stalin-Ära der Staat das Monopol für die Alkoholherstellung. In den Siebzigern machten die Gewinne daraus ein Drittel der Staatseinnahmen aus. Mitte der Achtziger waren alkoholbedingte Schäden für die Wirtschaft und das Gesundheitssystem so groß, dass Michail Gorbatschow eine Antialkoholkampagne startete. Daraufhin sei die Sowjetunion zusammengebrochen, witzeln böse Zungen.

Der Wodka hat viel Böses in Russland angerichtet: 18 Liter reinen Alkohol soll der Durchschnittsrusse im Jahr konsumieren (im Vergleich: Der Durchschnittsdeutsche trinkt zehn Liter). Richtiges Wodkatrinken ist aber auch ein Teil der Kultur. Die ältere Generation, die nach wie vor puren Wodka komplizierten Cocktails vorzieht, pflegt richtige Rituale. Dostojewski, der Penner, den ich in Omsk traf, brachte mir die Theorie des Wodkatrinkens bei. Seine oberste Regel: auf keinen Fall mit süßen Säften mischen. Wodkamischgetränke werden in Russland »Schraubenzieher« genannt – weil sie alle Schrauben im Kopf locker machen. Besser so: einen bedeutungsvollen, poetischen Toast vortragen, Schnapsglas gemeinsam leeren und mit herzhafter Zakuska »nach-beißen«, also nach dem Schlucken hinterheressen. Die ältere Generation beherrscht noch die Kunst der humorvoll-lehrreichen epischen Trinksprüche, die mal auch so lange dauern können wie eine mittellange Predigt. Wer es kurz halten will: »Auf die Gesundheit« heißt auf Russisch übrigens nicht »Na Sdorowje« sondern »Za Sdorowje«.

Als Zakuska eignen sich am besten Gerichte der russischen Nationalküche wie Sülze, *Salo*-Schnittchen oder – ungeschlagen in Preis und Wirkung – eine saure Gurke. Den Sud davon soll man aufheben – zum Trinken gegen den Kater am nächsten Morgen.

Damit dieser nicht zu heftig ausfällt, ist es wichtig, bei einem Getränk zu bleiben sowie zwischendurch Wasser zu trinken, zu tanzen und zu singen. Auch die Qualität des Wodkas ist wichtig. Und hier hat Russland viel Auswahl: In dem größten Supermarkt von St. Petersburg habe ich versucht, die angebotenen Wodkasorten zu zählen, und irgendwann bei 115 aufgegeben. Wikipedia listet allein 96 Wodkamarken, die in Russland hergestellt werden. International soll der russische »Zelenaya Marka« Platz vier unter den meistverkauften Wodkas der Welt einnehmen (auf den ersten Plätzen sind übrigens der –

inzwischen britische – Smirnoff, der ukrainische Chlebnij Dar und der schwedische Absolut).

Für den russischen Markt spuckt das Smartphone jedoch keine offiziellen Statistiken aus.

»Was ist deiner Meinung nach der beliebteste Wodka in Russland?«, frage ich den Barkeeper.

Als Antwort stellt er zwei Shot-Gläser auf den Tisch. »Gratiswodka ist der beliebteste Wodka! Den trinken alle, außer Abstinenzler.«

ST. PETERSBURG:
Sehr Schaschlik

Ich dachte, das Schwierigste sei vorbei. Ich bin zurück in St. Petersburg, der Stadt, in der die Reise begann. Ich habe über 20 000 Kilometer zurückgelegt, in 15 Städten genächtigt, eine Lebensmittelvergiftung überlebt und Hering unter Pelzmantel.

Die größte Herausforderung steht allerdings noch bevor: meinen deutschen Freund in den Kreis der Familie väterlicherseits einführen, die in Russland lebt. Es ist Ernst. Ich bin in dem Alter. Da ist nix mit: »Papa, das ist der Mann, mit dem ich Herz, Bett, Eisbecher und Grippeinfektionen teile – und möglicherweise auch den Rest des Lebens. « Jedes männliche Wesen, das seinen Arm um meine Schulter legt, wird unter dem Gesichtspunkt der Ewigkeit unter die Lupe genommen.

Nicht, dass meine Familie mich unter Druck setzt. Niemand spricht das H-Wort laut aus. Alle akzeptieren, dass wir in Europa »einfach spät dran sind«. Und trotzdem bekommen mein Vater und meine Oma synchron diesen vernebelten Blick, wenn sie auf der Straße ein weißes Sahnehaubenkleid sehen, aus dem ein wohlfrisierter

Mädchenkopf herausragt. Ich lese in diesem Blick: Und du? Und fange sofort an, mich zu rechtfertigen: »Aber ich bin doch 24!«, sage ich und betone dabei die Vier – ich bin ja keine 29 oder so. Sie entgegnen darauf: »Eben! Du bist 24!« Sie betonen dabei die Zwanzig, wie in: »Du bist ja keine 14.«

Für russische Verhältnisse bin ich im besten Heiratsalter. Es gibt Tage, an denen mein Vater meinen Kopf in seine Hände nimmt, ihn mit gespielter Sorgfalt inspiziert und übertrieben laut seufzt: »Tochter, dieses Gesicht hält nicht ewig! Mach hin!« Ich weiß, es ist ein Witz. Ich traue mich trotzdem nicht ganz zu lachen.

Der Liebste wird in Russland »mein Kerl« oder »mein Angetrauter« genannt, oder einfach »mein junger Mann«. Mein junger Mann wurde schon von der Familie per Skype inspiziert. Das Urteil: zu dürr, zu wenig Muskeln, zu viele Haare. Sie laden ihn trotzdem nach St. Petersburg ein, sogar an Omas Geburtstagstisch.

Zur Vorbereitung besuchen wir meinen 19-jährigen Cousin Sawa in Moskau. Bis zu meinem zwölften Geburtstag trug ich ihn huckepack. Jetzt reiche ich ihm nicht einmal bis zur Achsel. Mein Cousin studiert Informatik an der Baumann-Universität. Sein Englisch reicht fast an das vom ukrainischen Helden Schapka aus »Alles ist erleuchtet« heran. »You skill music?«, fragt der Cousin. Junger Mann skillt Gitarre und Klavier und öffnet damit einen Spaltbreit die Tür zu Cousins Herzen.

Moskau ist eine Art Trainingslager für die Schwiegersohn-Schau in St. Petersburg. Natürlich sind drei Tage zu kurz, um vaterpräsentable Muskeln anzuzüchten. In anderen Disziplinen schlägt sich junger Mann aber vorzüglich: Unerschrocken stürzt er sich auf Kalbszungensülze, Sauerampfersuppe und die Süßigkeit namens Vogelmilch. Außerdem lernt er den Grundwortschatz für die Familienfeier und deren Grundsätze: Essen – aufessen. Nachschlag verlangen. Getränke und Geschenke – annehmen. Mich – anhimmeln. Eine von Omas Weisheiten lautet: Vor der Hochzeit muss der Mann die Frau auf Händen tragen, denn nach der Hochzeit trägt sie ihn huckepack durchs Leben.

»Der ist genehmigt«, sagt der Cousin, bevor junger Mann und ich in den Nachtzug nach St. Petersburg steigen. Dann umarmt er mich. Jungem Mann gibt er einen knochenquetschenden Händedruck: »You better love her, or I'll damage you!«

Angekommen in St. Petersburg vermisse ich Sawa sofort als Tourguide. Mehr als Straßenkarten zu lesen, hasse ich nur, Straßenkarten zusammenzufalten. Die Orientierung überlasse ich normalerweise meiner Begleitung. In St. Petersburg klappt das nicht. Junger Mann und ich haben eine kyrillische Karte. »Wir müssen zu der Straße: Box ohne Boden, E, C, T, E, Zelteingang, umgedrehtes R«, sage ich. »Gesprochen: Pestelja.« Junger Mann hält mir ein Taschentuch hin: »Kannst du das bitte aufmalen? «

Mir wird klar: mein Land, meine Reiseleitung. Ich tu mein Bestes, um jungen Mann vor den Gefahren meiner Heimatstadt zu schützen: vor offenen Kanalisationsluken auf der Straße; Gopniks; und vor Beljaschi – frittierten

Teigtaschen mit Fleisch, über die Einheimische scherzen: »Kauf zehn und bau dir eine Katze zusammen.«

Vor Omas Haustür bin ich nervöser als beim Mathe-Abi. Junger Mann bleibt wie immer: lebensfroh und übermütig wie ein junger Hund. Aus seinem einstudierten »Alles Gute zum Geburtstag« wird zwar »Alles Gute zum Tag der Gebärenden«. Dafür erobert er Omas Herz mit Fleischeslust. »Nimm dir ein Beispiel! Er hat sein Hemd gebügelt und isst wie ein Mensch!«, meint Oma. »Und du? Nicht nur, dass du dich angezogen hast wie zur Heuernte! Du futterst auch noch das Gras vom Feld!«

Oma ist sicher: Jeanstragenden Salatessern laufen Männer davon. Ich sei ja gar nicht so hässlich, wenn ich mich bloß nicht immer anziehen würde wie der letzte Lumpenhippie. Das Eintrittsbändchen des Festivals Fusion hat sie mir schon am Anfang der Reise im Schlaf vom Handgelenk abgeschnitten, meine Plimsolls in den Mülleimer verbannt. Stattdessen dekoriert sie mich noch am Esstisch mit Erbschmuck wie einen Christbaum. Das soll meinen Marktwert steigern. Ich habe beim Geschmücktwerden genauso viel Mitspracherecht wie eine Tanne.

»Danke, Oma, für die tollen Ohrstecker!«, versuche ich abzuwinken. »Aber meine Ohrläppchen sind vor zwei Jahren zugewachsen, ich kann sie leider nicht anziehen!«

»Musst du auch gar nicht«, sagt Oma. »Ich zieh sie dir an.«

Noch vor dem Hauptgang besitze ich einen neuen Ring, eine neue Kette, ein paar Rubinohrringe und eine alleinstehende Creole, die ich als Brosche anstecken soll.

Außerdem habe ich wieder Löcher in den Ohrläppchen. Oma stocherte so lange mit den Ansteckern an meinen Ohren herum, bis sie auf der anderen Seite wieder rauskamen, zusammen mit ein paar Tröpfchen Blut.

Ich versuche nicht zu murren. Ich weiß, wie wichtig Geschenke in Russland sind – vor allen Dingen für meine Oma. Der Betrieb, in dem mein Vater arbeitet, verteilt um Neujahr herum immer Geschenke an die Familien der Mitarbeiter. Vor vier Jahren wurde beschlossen, das Geld lieber einem Kinderfonds zu spenden. Oma blieb ohne den obligatorischen Marmorbrocken mit den Firmeninitialen und war zutiefst beleidigt. Papa erklärte, dass das für einen guten Zweck ist. Oma blieb überzeugt, dass der Betrieb glaubt, es lohne sich nicht mehr, in sie zu investieren, weil sie sowieso bald stirbt. Seitdem kauft Vater jährlich heimlich Marmorbrocken und bringt sie zum Graveur, der das Firmenlogo darin einlasert.

Eine Frau gilt in Russland als ein Geschenk des Himmels für ihren Mann. Das dennoch möglichst gut verpackt werden soll. Deswegen wird an Ort und Stelle an mir poliert und gezuppelt. Das Haus und sich selbst hat Oma schon vorher herausgeputzt: Ihr Glitzerkleid lässt ihren Bauch wie eine Discokugel aussehen. Auf dem Tisch steht das 30 Jahre alte Porzellanset ›Madonna‹ aus der DDR – früher das Neidobjekt der ganzen Nachbarschaft.

Von mir instruiert betrachtet junger Mann bewundernd das ›Made in the GDR‹ auf der Rückseite des Geschirrs. Oma legt ihre Hand auf meine Schulter: »Wenn du die hier nimmst, bekommst du das Geschirr dazu«, teilt sie ihm mit. Und dann zu mir: »Enkelin, übersetze!«

Zum Glück liegt die Hoheit über die Völkerverständigung bei mir. Papa kann nur vier Sätze auf Deutsch: »Hitler kaputt« und »Halt, nicht schießen!« hat er in den alten Kriegsfilmen gelernt. Außerdem: »Hände hoch!«. Das hat Papa früher immer vor dem Baden gesagt, damit ich die Arme hochreiße und er meinen Pullover über den Kopf ziehen kann. Wie seltsamerweise fast alle Russen kennt er auch: »Das ist fantastisch.« Angeblich soll dieser Satz besonders oft in deutschen Pornos gesagt werden, die hier sehr wegen ihrer Qualität geschätzt werden.

Junger Mann kann außer Höflichkeitsworten und »Nachschlag, bitte!« nur einen Satz auf Russisch: »Ich bin sehr glücklich, an diesem Abend bei Ihnen zu sein.« Das soll der Abschlusstoast des Abends werden. Alle richten ihre Augen auf ihn und die Gläser in die Luft. »Ja otchen' schaschlik«, setzt er an und bringt den Toast souverän zu Ende, obwohl ich in der Mitte lospruste. Aus ›schastliv‹ – glücklich – ist in seiner Ausführung ein Fleischspieß geworden.

Aber das ist nicht wichtig: Alle sind glücklich. Junger Mann preist bierselig alles in der Umgebung an: »Das Essen, es ist fantastisch! St. Petersburg ist fantastisch. Die Getränke – fantastisch!« Mein Vater schaut aufmerksam auf die Hand des jungen Mannes, die etwas zu überschwänglich mein Bein streichelt. »Ich weiß genau, worüber ihr redet«, meint Papa und zwinkert. Ich versuche das Missverständnis aufzuklären. Vergebens.

Mein Vater wünscht sich sehnlich Enkelkinder, lehnt aber paradoxerweise alles ab, was mit ihrer Herstellung zu tun hat. Junger Mann und ich werden auf eine Luftmatratze gebettet. Sie knattert und raschelt, wenn wir nur atmen, geschweige denn fantastische Sachen darauf machen.

Als ich zurück aus dem Bad komme, liest junger Mann mit geschlossenen Augen die Biografie von Keith Richards. Die fantastischen Gerichte und Getränke haben ihn geschafft. Ich klettere zu ihm auf die Matratze. Sie knistert, als würde eine Horde Elefanten auf Bläschenfolie steppen. Der ganze Wohnblock ist wach. Nur nicht junger Mann. Mit einem Lächeln auf den Lippen tätschelt er nach mir. Ich schmiege mich an, vergrabe mein Gesicht in seine Locken und flüstere in sein Ohr: »Ich glaube, ich bin auch sehr Schaschlik.«

ST. PETERSBURG:
Emanzipierte Quarkkäulchen

St. Petersburg gilt als die Kulturhauptstadt Russlands. Die Eremitage ist eines der prächtigsten Museen Europas, das Mariinski-Theater eines der berühmtesten Ballettháuser der Welt. Doch für uns sind die aufregendsten Sehenswürdigkeiten Parkbänke und Rolltreppen. Junger Mann und ich haben uns anderthalb Monate nur als Pixelhaufen auf dem Laptopbildschirm gesehen. Wir sind uns selbst Sehenswürdigkeiten, die man in echt anfassen muss, um sich ihrer Existenz zu versichern.

Die erste Tageshälfte verbringen wir im Park, nachmittags fahren wir planlos U-Bahn. Einerseits, weil die Stationen mit ihren Marmorverkleidungen und Kronleuchtern wirklich beeindruckend sind, anderseits, weil die Rolltreppen zu den längsten der Welt gehören. Auf ihnen kann man super Chickengame spielen, so ähnlich wie James Dean in »… denn sie wissen nicht, was sie tun«. Bloß dass hier nicht derjenige verliert, der als Erster vor dem Abgrund abspringt, sondern der, der vor dem Rolltreppenende als Erster die Augen beim Küssen aufmacht.

Als wir nach Hause kommen, kriecht dichter Dunst

unter der Küchentür hervor. Papa sitzt oberkörperfrei in der Küche, haarig und mächtig, und schaut fern.

»Hallo, Gorilla im Nebel«, sage ich, zwirbele eine seiner Brustlocken und hole mir dafür einen Kuss auf die Wange ab und einen Klaps auf den Hinterkopf. Papa hat die Referenz nicht verstanden. Den Film über die Biologin Dian Fossey kennt er nicht.

Meine Stiefmutter wuselt zwitschernd um uns herum, brät, schneidet, püriert, paniert und rührt in den Töpfen. Es gibt selbst gemachte *Otbivnije* – russische Schnitzel – und eine Unmenge komplizierter Beilagen. Junger Mann und ich fragen, ob wir helfen können. Aber meine Stiefmutter winkt ab, so heftig, dass sie uns heiße Luft ins Gesicht peitscht wie ein Saunameister beim Aufguss. Nach ein paar Minuten taucht ihr Kopf aus dem Dampf wieder auf: »Abendbrot fertig!«

Beim Essen schweben wir auf Wolke Sieben, oder um genau zu sein: Wir sind mittendrin. Danach räumen junger Mann und ich ab. Papa macht den Alkoholschrank auf und reibt sich übertrieben enthusiastisch die Hände. Wenn ich deutschen Besuch habe, markiert Papa gern den Über-Russen. Ich glaube, er denkt, meine Freunde erwarten das.

Nach einer genauen Inspektion seiner beachtlichen Vorräte knallt er eine Pulle Whiskey auf den Küchentisch und seine Faust hinterher. »So, Schwiegersöhnchen! Lass uns sprechen!« Junger Mann, der gerade mit dem Rücken zu ihm Geschirr abspült, zuckt zusammen.

»Ich mach das schon«, kündige ich an und zerre ihm den nassen Teller aus der Hand. »Du musst jetzt trinken!«

Junger Mann guckt mich an, als hätte ich gerade vorgeschlagen, auf der Stelle nach Papua-Neuguinea auszuwandern. So einen Satz haben meine Lippen noch nie geformt.

»Lass mich zu Ende spülen«, sagt er und hält sich am Teller fest. »Was ist denn das für eine Message an deinen Vater, wenn ich die Hausarbeit auf deine Schultern lade, um zu saufen?«

»Ich fürchte, in diesem Moment ist es die richtige.«

Ich will nicht die Vorstellung erwecken, mein Papa sei ein Macho. Vielleicht lässt er zu Hause zu oft den Patriarchen raushängen und seine Plauze. Aber von seiner Frau und seinen Töchtern »pustet er alle Stäubchen runter«, wie man in Russland sagt. Jeden Tag steht er eine Stunde früher auf, um alle zur Arbeit und in die Schule zu fahren. Er steckt seine beachtliche Körpermasse auch mal in ein Manga-Prinz-Kostüm, wenn die Inszenierung meiner Schwester, seiner Tochter mit der neuen Frau, es so verlangt.

Für mich dachte sich Papa früher ganze Wunderwelten aus. Wenn ich als Kind nichts essen wollte, war er als Einziger nie genervt. Geduldig baute Papa für mich Salamischeiben-Sonnen mit Kartoffelpüreewolken, aus denen es Erbsen hagelte.

Kurz: Papa ist ein guter Mann und ein guter Vater. Trotzdem haben wir unüberbrückbare Differenzen, was das Mann-Frau-Verhältnis angeht. Was ich Machismo nenne, nennt er Arbeitsteilung. Den Witz über kleine Frauenhände, die gut in den Ecken putzen können, findet er ziemlich gelungen.

Laut Papa gibt es Frauensachen und Männersachen. Biologisch bedingt seien grobmotorische Fähigkeiten die Männerdomäne, feinmotorische die der Frauen. Ausnahmen sind Staubsaugen, Tapezieren und Bodenwischen. Dass Papa mit seinen Grobmotorikerfingern eine Karavelle in einer Weinflasche gebaut hat, sei ebenfalls die Ausnahme, welche die Regeln bestätigt.

Alkohol wäre dieser Theorie nach eigentlich sehr emanzipatorisch: Er macht aus beiden Geschlechtern Grobmotoriker. Vielleicht gilt Saufen in Russland genau deshalb als Männersache. Papa schaut anerkennend zu, wie junger Mann brav einen Whiskey nach dem anderen schluckt. Meine Stiefmutter und ich bekommen bunte Saftgetränke mit Schuss. Das kommt mir eigentlich gelegen: Ich muss nüchtern bleiben, um das Gespräch an gefährlichen Themen vorbeizulenken wie die Titanic durch das arktische Meer. Aber schon nach dem dritten Whiskeyglas ist eine scheinbar harmlose Spitze in Sicht, unter der sich ein gewaltiger Brocken Streitpotenzial verbirgt. Junger Mann hat die *Syrniki* meiner Oma gelobt – eine Art Quarkkäulchen, die man in Russland zum Frühstück isst.

»Und *deine* Syrniki? Schmecken sie ihm?«, fragt mich Papa.

»Der deutsche Quark ist nicht fettig genug, die werden bei uns nix«, erkläre ich.

»Aber morgen kannst du doch welche machen! Der Mann verlangt Syrniki! Es ist deine Pflicht, ihm ein gutes Frühstück zu machen.«

»Der Mann verlangt gar nichts. Er hat nur gesagt, dass sie ihm schmecken.«

»Frag ihn doch, ob er Syrniki zum Frühstück will.«

»Das ist doch lächerlich.«

»Jetzt frag!«

»Möchtest du Syrniki zum Frühstück?«, frage ich jungen Mann auf Deutsch.

»O jaaa! Sehr gern!«, antwortet der Ahnungslose und kassiert einen Tritt unter dem Tisch.

»Er möchte keine«, übersetze ich für Papa.

»Tochter, glaube mir, was ›O jaaa!‹ heißt, weiß ich sehr gut aus euren Filmchen«, sagt Papa zu mir. Jungem Mann zeigt er den erhobenen Daumen und erklärt: »Syrniki – fantastisch!«

»Wir müssen morgen früh aufstehen, weil wir in die Eremitage wollen«, lüge ich. »Da ist überhaupt keine Zeit für Kochen.«

»Du kannst die ja heute braten und morgen in der Pfanne warm machen.«

»Es ist Mitternacht! Ich stelle mich nicht mitten in der Nacht an den Herd, damit der Herr in der Frühe Syrniki essen kann! Er würde es nicht wollen. Er ist 27. Er kann sein Frühstück selber machen!«

Junger Mann schaut verwirrt. Seine Augen wandern von mir zu Papa und wieder zurück, wie beim Ping-Pong.

»Hier findet gerade ein emanzipatorischer Kampf statt«, erkläre ich.

»Ich versteh nur Syrniki.«

»Genau! Heute sind es die Syrniki, morgen verlangst du, dass ich eine Burka anziehe. Es geht nicht nur um Frühstück, es geht um meine Mitbestimmungsrechte als Frau!«

Zugegeben: Es geht auch darum, dass ich selbst unter Todesstrafenandrohung keine Syrniki machen könnte. Ich kann nicht russisch kochen, habe es nie gelernt. Als Kind interessierte ich mich eher für westliche Cuisine, sprich: McDonald's. 1990 öffnete in Moskau die erste Botschaft des amerikanischen Fast Foods. 1996 folgte St. Petersburg. Die McDonald's-Apfeltasche, die Mama mir einmal mitbrachte, rührte ich aus Ehrfurcht einen Tag lang nicht an. Die Verpackung benutzte ich danach monatelang als Federmäppchen.

Inspiriert von TV-Werbung versuchte ich dann, amerikanische Burger nachzubauen: zwei Scheiben Schwarzbrot, dazwischen Omas Salzgurken, Weißkohlblätter in Ermangelung von Salat, Tomatenmark als Ketchup-Ersatz, und eine dicke Scheibe Fleischwurst, die in Russland seltsamerweise »Doktorwurst« hieß. Auch Sesam konnte ich nicht auftreiben, deswegen vollendete ich meinen Russ-Burger stets mit geschälten Sonnenblumenkernen.

Als Mama und ich aus Russland wegzogen, war ich damit beschäftigt, die deutsche Küche zu erobern: Fischstäbchen, Cordon bleu und Buchstabensuppe. Dann zog ich nach Berlin in eine WG. Kochen bedeutete fortan: Lebensmittel von Supermarktregalen in den Kühlschrank räumen und von da aus direkt in den Mund, manche davon erwärmt. Kochen hatte eher mit Sachen-Entfernen zu tun (Plastikfolie/Aludeckel) als mit Sachen-Vermischen (Ausnahme: Nudeln mit Pesto).

Mit 24 treten nun langsam die ersten Symptome des Erwachsenwerdens auf: Essen dient nicht mehr allein dem

Hungerstillen, sondern auch der Selbstverwirklichung. Jetzt würde ich gern mit einem russischen *Borschtsch* auf einer Party auftauchen statt immer mit dem ollen Nudelsalat. Aber der Zug ist abgefahren. Oder etwa nicht?

»Wir können die Syrniki ja zusammen braten«, schlägt meine Stiefmutter vor. »Wollte ich sowieso die Tage machen. Quark haben wir da, ich muss nur kurz Schmand aus dem Spätkauf holen.«

Ich nicke, dankbar, dass sie mich so feinfühlig aus der Patsche holt. Aber Papa ist schon in Fahrt: »Schau! Schau! Das ist eine Frau! Deine Stiefmutter arbeitet 50 Stunden die Woche bei der Bank und schafft es noch, ihre Familie zu füttern und das Haus blitzblank zu halten. Und sieht dabei aus wie aus einem Modemagazin! Und du? Hast einen Putzkittel an und hast nicht einmal Ahnung von Hausarbeit!«

»Papa! Das ist ein Blusenkleid! Und ein Familienabend zu Hause. Was soll ich anziehen? Eine Abendrobe?«

»Warum machst du dich für Fremde auf der Straße schön, die dir egal sind, aber nicht für die, die du am meisten liebst?«

»Bei uns gelten andere Schönheitsideale! Wenn ich zu Hause Hausschuhe mit Absatz tragen würde, fänden das alle Männer albern!«

»Sie kennen es nur nicht anders! Machen wir ein Experiment. Lass dir was Hübsches zum Anziehen geben, mal gucken, wie dein Kerl reagiert.«

Meine Proteste walzt Papa nieder wie ein Panzer, der eine halbe Flasche Whiskey getankt hat. Meine Stiefmutter führt mich zum Schrank und zieht daraus ein gelbes Seidenkleid hervor. Ich bekomme auch ein Paar hohe Riemchensandalen und mache Modenschau im Flur.

»Was passiert jetzt?«, fragt junger Mann. »Ist das ein Ritual?«

»Wir spielen Catwalk«, erkläre ich. »Und du sollst so unbegeistert gucken wie Anna Wintour.«

Ich stolpere drei Mal den sechs Meter langen Flur auf und ab. Papa klatscht in die Hände.

»Nicht schlecht«, sagt er. »Geht aber bestimmt noch viel besser!«

Als Nächstes drückt mir meine Stiefmutter ein rückenfreies Schlauchkleid in die Hand, das über und über mit Goldpailletten bestickt ist. Es erinnert mich an einen Meerjungfrauenschwanz und bekommt von Papa die volle Punktzahl. Auch meine Stiefmutter hat ein neues Outfit an. Aufgedonnert wie für den Abiball stehen wir um ein Uhr nachts am Herd und kneten in einer Teigschüssel herum. Wie zwei Aschenputtel, die vergessen haben, sich zurückzuverwandeln. »Da freut sich doch das Auge!«, stellt Papa fest und grunzt ein bisschen vor Glück. »Versteh doch, Tochter: Ich will dich doch nicht an den Herd ketten. Aber es gibt nun mal Sachen, die Frauen besser können als Männer. Schön sein, zum Beispiel. Und kochen. Es hat nichts mit Benachteiligung zu tun. Alles fair. Er baut dir ein Haus, du machst ihm Frühstück.«

»Haus? Er schafft es nicht einmal, mein Schlüsselbrettchen anzuschrauben!«

»Wie?! Ist er so einer, bei dem die Hände aus dem Hintern wachsen?«

Oh-Oh. Ich merke, dass ich gerade den Bogen überspannt habe. Junger Mann ist alles andere als handwerklich begabt. Um ehrlich zu sein, habe ich in meinem Leben ungefähr zehn Mal so viele Löcher in Wände gebohrt und Nägel in die Wand gehauen wie er. Bei der Partnerwahl sind mir andere Talente wichtiger gewesen: schmalzige SMS schreiben etwa, Moldy-Peaches-Songs auf der Gitarre spielen oder mit mir vierhändig meine Bachelor-Arbeit schreiben. Aber das kann ich hier natürlich nicht sagen. Ich möchte nicht, dass das Bild des potenziellen Schwiegersohns noch mehr Kratzer bekommt. Schnell lenke ich das Gespräch in sichere Gewässer und konzentriere mich auf die Syrniki.

Die Männer verstehen sich prächtig. So prächtig wahrscheinlich, wie sich nur Männer wortlos verstehen können. Papa holt nach und nach Leckereien wie *Salo* und Pansenwurst aus dem Kühlschrank, die er von seinen Dienstreisen mitgebracht hat.

Ich forme Teigbällchen und versuche zu vergessen, dass ich dabei aussehe wie Disneys Arielle, die in ein Homecooking-Video geraten ist. Ich versuche mich daran zu erinnern, warum ich meine russische Verwandtschaft liebe. Obwohl sie mich gewaltsam mit goldenen Klunkern behängen. Obwohl sie meine Klamotten nicht einmal mehr den Bedürftigen zumuten würden. Obwohl sie mir nicht zutrauen, ein Haustier zu halten, außer Wühlmäusen vielleicht. Obwohl sie mein halbherziges Vegetariertum für eine Mischung aus Krankheit und Pubertätsgespinne halten.

Als hätte er meine Gedanken gehört, richtet mein

Vater meinen letzten Grundsatz zugrunde. Meine Hände stecken in der Schüssel, geknebelt vom Teig, als eine riesige Pranke aus dem Nichts auftaucht und ein Stück Etwas zwischen meine Lippen schiebt.

»Waschischen dasch?«, frage ich.

»Hirschsalami«, verkündet Papa stolz. »Habe ich aus der Tschukotka mitgebracht. Iss! Ich weiß, was gut für dich ist.«

Mir reicht's. Ich renne zum Bad, um mir die Zähne zu putzen und das Kochexperiment von den Fingern zu spülen. Das Badezimmer ist aber besetzt. Ich spucke die Hirschsalami ins Klo und putze meine Zunge mit Klopapier ab. Dann verschwinde ich in unser Zimmer, ohne gute Nacht zu sagen, setze mich auf die Matratze und suppe im Selbstmitleid. Wenig später wankt junger Mann ins Zimmer und setzt sich neben mich. Ich schau weg. Er nimmt meine teigigen Finger in seine Hände.

»Ich hoffe, du besitzt eine Sexfantasie, in der eine fleischfressende russische Meerjungfrau mit haushälterischen Fähigkeiten die Hauptrolle spielt«, sage ich.

»Du siehst schön aus.«

»Verräter!«

»?«

»Tut mir leid«, sage ich und vergrabe mein Gesicht in seinem T-Shirt. »Ich hätte dir gern den heutigen Abend erspart. So hat mich noch nie jemand gesehen. So *sollte* mich niemand sehen.«

»Aber das ist auch ein Teil von dir.«

»Aber keiner, auf den ich besonders stolz bin. Ich sollte meine Meinung durchsetzen, anstatt meinen verschmierten Mascara und meine Teighände an dir abzuwischen.«

»Ach komm! Süßen Teig von einer russischen Meerjungfrau runteressen – das ist der Stoff, aus dem die Träume sind!«

»Trotzdem. Wir wollten hier Urlaub machen und nicht die Abgründe des russischen Feminismus erforschen.«

»Aber Wlada, kapier's doch endlich. Ich will nicht mit dir Urlaub machen. Ich will mit dir … sein.«

Und als seine Whiskeylippen meinen Hirschsalamimund finden, ist die Welt fast schon wieder in Ordnung. Dass wir nachher heimlich Klopapierstückchen ausspucken, ist nicht mehr wichtig.

ST. PETERSBURG:
Finanzen und Bilanzen

Letzter Tag in Russland. Junger Mann ist bereits zurück nach Berlin geflogen. Mein letztes russisches Geld habe ich für Souvenirquatsch verpulvert, die Taschen sind gepackt, von Oma heimlich reingeschmuggelte Konserven wieder ausgepackt. Ich laufe durch St. Petersburg, um den Straßen auf Wiedersehen zu sagen, quetsche mich durch den dauerwuseligen Newski-Prospekt zusammen mit händchenhaltenden Teenagern, chinesischen Reisegruppen, einem Mann im Hotdog-Kostüm, Emos, tütenbehangenen Matronen und Tour Guides, die mit Megafon »die Gäste der nördlichen Hauptstadt« zu einer Fahrt zum Schloss Peterhof überreden wollen – der königlichen Suburbia des 19. Jahrhunderts.

Der Mob trägt mich zuerst vorbei am Gostiny Dwor, dem zweitgrößten Kaufhaus Russlands, dann über die Straße, dann über die Kasaner Brücke, und spuckt mich vor dem Singer-Haus aus. Früher hatte ein amerikanisches Nähmaschinen-Unternehmen hier seinen Firmensitz. Heute ist es ein Buchkaufhaus (das schönste der Welt, finde ich), in dem ich einen nicht unbeträchtlichen Teil meines Reisebudgets zurückgelassen habe.

Die restlichen Münzen in meinen Taschen würden heute allerdings höchstens für eine Postkarte reichen. Oder für ein Eis. Also laufe ich am Singer-Haus vorbei und kaufe mir nebenan einen üppigen Eisbecher mit Schokoglasur und bunten Streuseln. Dann gehe ich am Gribojedow-Kanal entlang zur Erlöserkirche, deren bunte Kuppeln fast exakt so aussehen wie das Eis in meiner Hand. Ich lege den Kopf in den Nacken und glotze duselig sentimental in den Himmel, bis mein Nachtisch schmilzt. Durch den Michailowski-Park laufe ich zum Tschischik-Pischik, dem kleinen Spatzen, der sich nahe der Brücke über den Fontanka-Fluss versteckt. Wer ihn mit einer Münze trifft, wird Riesenglück haben oder kommt zurück nach St. Petersburg – was für einen überzeugten St. Petersburger ungefähr auf das Gleiche hinausläuft. Ich schmeiße die letzten Münzen auf Tschischik-Pischiks Kopf und treffe natürlich kein einziges Mal. Egal. Ich weiß es so oder so: Ich komme wieder.

Für die U-Bahn nach Hause bleibt kein Geld. Ich muss zu Omas Wohnung zu Fuß laufen, zuerst durch kleine Gässchen, dann zu Orientierungszwecken entlang einer riesigen Verkehrsstraße. Es ist Sonntag. Die gesamte Stadt kommt von ihrer Datscha nach Hause. Eine Lawine aus heißem Stahl und Auspuffgasen schiebt sich durch St. Petersburg. Heute ist es egal. Schließt man die Augen, hört sich die Hauptstraße ein bisschen nach Meeresrauschen an.

Ohne Geld und mit einem längst geschmolzenen Eis in

der Hand laufe ich in der Nachmittagssonne nach Hause, während ich mich in der Illusion wiege, dass es alles ist, was man so zum Leben braucht. Meine Taschen sind leer, doch der Kopf ist voll. Bin ich eine andere als vor zwei Monaten? Mein Pony ist mir inzwischen bis unter die Augenringe gewuchert, meine Fingernägel wurden von Oma gewaltsam angestrichen, ich habe eine Myriade neuer Sommersprossen und außerdem neue Schuhe, weil die alten nach konzentriertem Pups rochen, seit ich damit versehentlich in den heilenden Schlamm in Popowka reingelatscht bin. Ansonsten: Nee. Eine andere bin ich nicht. Eine schlauere vielleicht.

Denn in den letzten zwei Monaten habe ich viel gelernt:

… (fast) alle russischen Großstädte auf der Karte einzeichnen.

… Syrniki machen.

… relativ zielsicher, wenn auch schwankend, eine Distanz von 200 Metern auf Pfennigabsätzen zurücklegen.

… wie ich mich als Fußgänger zu verhalten habe: im ständigen Bewusstsein meines Freiwild-Status. »Das Auto wurde von einem Fußgänger erfunden. Aber die Autofahrer haben es sofort vergessen. Und fingen an, die schlauen und sanftmütigen Fußgänger totzufahren«, schrieben die sowjetischen Satiriker Ilf und Petrow in ihrem Roman »Das goldene Kalb« aus dem Jahr 1931. 80 Jahre später ist es wahr wie nie zuvor: Fußgänger stehen in der Verkehrs-Hackordnung ganz weit unten – unter ihnen rangieren höchstens die Fahrradfahrer, auf die russische Autofahrer regelrecht Jagd veranstalten.

… ziemlich gut Durak spielen – das bedeutendste russische Kartenspiel, bei dem es viel wichtiger ist, nicht zu verlieren als zu gewinnen.

… mich mindestens eine Stunde lang ohne große Verhaltensauffälligkeiten unter russischen Jugendlichen bewegen.

… großartige Gitarrenlieder, wie zum Beispiel den wunderbar nihilistischen Song ›Eine Flasche Kefir und ein halber Laib Brot‹, in dem das lyrische Ich gut gelaunt einen Tag zu Hause abhängt.

… russische Entspanntheit angesichts der Sachen, die nicht funktionieren, sowie Entspanntheit im Umgang mit Gesetzen. ›Die Härte der Regeln wird durch ihre Nichteinhaltung kompensiert‹, besagt ein russisches Sprichwort. Und es stimmt: Ein ›Strengstens verboten‹ heißt in Russland meist nur, dass man es nicht zu dreist darauf anlegen sollte, sich dabei erwischen zu lassen.

Ich weiß jetzt,

… dass Hering unter Pelzmantel kein gruseliger Mutant ist, sondern ein nicht minder gruseliger Fischsalat mit roter Bete, Eigelb und Mayonnaise.

… warum Russen Silvester zwei Mal feiern und Weihnachten erst am siebten Januar: Die russische Kirche hält sich an den alten – sogenannten Julianischen Kalender, der dreizehn Tage Unterschied zu unserem hat. Als Faustregel gilt: Zwischen dem katholischen Weihnachten und dem ›alten neuen Jahr‹, das in der Nacht auf den 14. Januar gefeiert wird, versinkt ganz Russland in einen Ausnahmezustand, eine dreiwöchige Tusovka, bei der Santa Claus neben dem altrussischen Väterchen Frost feiert und seine schneeweiße Enkelin Snegurotschka neben dem rotnasigen Rudolph.

... dass man letztendlich überall glücklich sein kann, solange man Leute hat, die einem wohlgesinnt sind, sowie eine Aufgabe, die einen erfüllt. Und dass nicht die Stadt den Menschen, sondern Menschen den Wohnort liebenswert machen.

Einiges werde ich wiederum nie lernen:

... Mat. Obwohl ich mich vor der Ausdrucksstärke und Vielschichtigkeit der russischen Vulgärsprache verneige, ist es mir immer noch vollkommen unmöglich, es selbst vorzutragen. Ich weiß, dass Mat kein Unterschichten-sprech ist, sondern ein Teil der ›großen und mächtigen russischen Sprache‹, die auch meine russischen Freunde benutzen. Trotzdem: Ich war nicht da, als sie sich im Teenageralter an den Geschmack der derben Worte gewöhnten. Auf Deutsch kann ich fluchen wie ein Seemann. Laufe ich aber in Russland an einem Zaun vorbei, an dem ein Jugendlicher sexuelle Frustriertheit in expliziter Sprache niedergeschrieben hat, bekomme ich rote Ohren. Oder Kleinmädchen-Kicheranfälle.

... diese nur Russinnen eigene Gabe, im Restaurant ›eigentlich nichts‹ zu wollen, aber dies so vorzutragen, dass der zuständige Mann die Speisekarte rauf und runter bestellt, samt Desserts und Beilagen – welche die Schönheit dann naserümpfend restlos verputzt.

... diesen russischen Autoritätston, der einem manchmal sogar ganz ohne Mat und ohne Lautstärke das verschafft, was man braucht.

… wie ich mich richtig anziehen soll und ob ich dafür abnehmen oder zunehmen soll. Ständig wird mir gesagt, dass ich zu dünn bin (am Esstisch). Ein paar Stunden später bin ich aber zu dick (wenn es darum geht, mich in ein drei Nummern zu kleines Kleid zu quetschen, das meine Weiblichkeit vorteilhaft zu Markte tragen soll).

… dass die Zuneigung der Lehrer, Eltern und Großeltern oft subtiler ist als in Deutschland. Ihre uneingeschränkte Liebe verbalisieren sie nur zu wichtigen Anlässen und verteilen sie nicht wie ein Rasensprenger.

Und außerdem werde ich wohl nie lernen, mich in russischen Städten zu orientieren. Auf dem Rückweg schaffe ich es, mich auf einer kerzengeraden Straße zu verlaufen. Als ich drei Stunden später staubig und hungrig bei Oma ankomme, steht ein Festessen auf dem Tisch, genug, um ein Armeebataillon durchzufüttern. Die Konserven, die ich morgens ausgepackt habe, sind nirgends zu sehen. Wahrscheinlich weil sie wieder in meine Tasche gewandert sind. Oma hingegen versteckt sich hinter einem Roman von Walter Scott und tut so, als würde sie die Rückkehr der verlorenen Enkelin gar nicht berühren.

»Wie siehst du denn aus?«, fragt sie nur.

Ich schließe sie in meine verschwitzt-verrußte Umarmung.

»Oma, wirst du mich vermissen?«

»Wie einen Pickel in der Poritze.«

BERLIN:
Heimathopping

Deutschland fängt in der Check-in-Schlange von Air Berlin an. Zwei Länder gehen hier ineinander über. Zwei Kulturen diffundieren wie frisch zusammengeschütteter Kirsch-Bananen-Saft. Deutsche Sätze mischen sich unter russische, Reisepässe zwischen ›Passporta‹. Ein Russe mit einem Berlin-Reiseführer in der Hand trägt die Aufschrift ›Made in Germany‹ auf der Brust. Daneben spannt sich ein ›Powered by Vodka‹ über einen deutschen Touristenbauch.

Und ich? Die Aufschrift auf meinem Pass ist russisch. Das Adressenschild auf meinem Rucksack ist deutsch. Unter meinem Arm klemmt die russische Ausgabe von Bulgakows ›Der Meister und Margarita‹. Später werde ich die schönsten Sätze daraus abschreiben, in einem Ragout aus kyrillischen und lateinischen Buchstaben. Meinen Kopf verwirrt es zwar nicht mehr, dass der Buchstabe ›P‹ im Russischen ein ›R‹ ist und das ›B‹ ein ›W‹. Die Finger bringt es hingegen immer noch durcheinander. Wahrscheinlich bin auch ich eine Art Kulturdiffusion, ein Flughafen zwischen zwei Kulturen.

Noch vor zwei Monaten wäre ich wegen so eines Vergleichs beleidigt gewesen. Ein Flughafen ist schließlich das Gegenteil von einem Zuhause. Er ist nie das Endziel, immer bloß Zwischenzustand. Nach meiner Reise sehe ich das anders. Ein Flughafen bedeutet auch Bewegung und verbindet zwei Orte.

In einem Spielfilm würde die Protagonistin aus dem Flugzeugfenster einen letzten Blick auf Russland werfen und in den Regentropfen an der Glasscheibe Gesichter erkennen, die sie auf der Reise begleiteten: Nastja aus Murmansk, Zhenya aus Petrosawodsk, Nele und Wadim aus Sotschi, der Rettungssanitäter Boris Borisowitsch, Aniri aus Odessa, Julia aus Tomsk, Nina aus Irkutsk …

Bei mir gibt es keinen Regen und auch keinen Sonnenschein, der seine Abwesenheit unterstreicht. Der Septemberhimmel ist grautrübe, und ich bekomme nicht einmal einen Fensterplatz. Vor meinen Augen habe ich nicht die Abenteuer der vergangenen Wochen, sondern das laminierte Blatt mit den Flugsicherheitsvorkehrungen und außerdem ein toupiertes Haarungetüm, das über den Sessel vor mir quillt wie Muffinteig.

Und trotzdem bin ich glücklich. Es ist dieser seltene Zustand, von dem man genau in dem Moment weiß, dass es Glück ist, und nicht erst in der Retrospektive.

Ob ich gefunden habe, weswegen ich hierherkam, fragte meine Freundin Anja, bevor ich zum Flughafen losfuhr. Eine Antwort hatte ich nicht. Ich wusste ja selbst nicht genau, was ich in Russland suchte. Ich bin mit dem diffusen Wunsch losgefahren, das Land meiner Kindheit und meiner Eltern besser zu verstehen. Ich hatte keinen Plan, wovon die Kolumne und das Buch handeln würden, sondern wusste nur, dass ich nicht über Putin und Korruption schreiben wollte. Nicht weil sie nicht zu Russland gehören. Sondern weil es schon so viele vor mir gemacht haben.

Von einem Märchenort wurde Russland auf dieser Reise zu einem realen Land. Meinem Land. Die Städte haben Gesichter bekommen, die Gesichter auf den Straßen Geschichten. Natürlich ist es unmöglich, sich in zwei Monaten einen Staat zu erschließen, der sich über neun Zeitzonen erstreckt. Russland ist ein riesiges Land voller riesiger Fehler und riesiger Herzen. Ein Leben reicht nicht, um es zu begreifen.

Dafür habe ich mich selbst besser verstanden. Der Philosoph und Kirchenvater Augustinus schrieb einst sinngemäß: »Die Welt ist ein Buch. Wer nie reist, sieht nur eine Seite davon.« Ohne die Russland-Tour hätte ich die ersten Kapitel meiner Biografie ausgelassen.

Ich habe Freunde, die ebenfalls mit Mitte zwanzig überall auf der Welt nach ihren Wurzeln suchen. Vielleicht weil das Teenager-Diktat der Gleichheit inzwischen dem Diktat des Individualismus gewichen ist. Vielleicht haben wir auch einfach gemerkt, dass Vergangenheit ein wichtiger Teil der Gegenwart ist. Dass der Ballast der anderen Kultur, des Fremdseins, gar kein Ballast ist, sondern ein Geschenk – um das uns viele beneiden.

Ich habe während meiner Reise unglaublich viel Post von den Lesern meiner Kolumne auf Spiegel Online bekommen. So viele interessierten sich plötzlich für etwas, das ich bisher so selbstverständlich hinnahm wie meinen

Ellenbogen – oder sogar als so lästig empfand wie einen Blinddarm: Blini essen, den Wald nach Steinpilzen durchforsten, sich von der hutzeligen Wahrsagerin am Bahnhof eine lange Reise prophezeien lassen – all das kam mir bisher nicht sehr berichtenswert vor.

Ich bin sehr atemlos gereist. Menschen, Städte, Bilder, Gerüche und Erinnerungen sind verworren wie ein Spaghettitopf. Es ist, als hätte ich einen Kurzgeschichtenband in einem Zug verschlungen: Ich musste mich immer wieder in neue Leben mit neuen Charakteren eindenken, in immer neuen Betten schlafen.

Die Rückkehr zu meinem eigenen Bett ist nicht sehr sensationell. Meine Begrüßungshymne in Deutschland ist der Jingle der Mobilfunk-Hotline, die ich anrufen muss, um mein deutsches Handy zu aktivieren. Mein Empfangskomitee besteht aus jungem Mann und vier Nelken.

Eine gerade Anzahl von Blumen bringt man nach russischem Brauch aber nur zum Grab. Noch vor zwei Monaten hätte ich mir das verkniffen – dummer Aberglaube! Heute stehe ich dazu. Wir verschenken die Blumen an ein paar Jünglinge, die am Flughafen auf ihre Liebste warten, und fahren mit der S-Bahn nach Hause.

In meinem WG-Zimmer liegt eine fingerdicke Staubschicht. Ein kniehoher Stapel von Briefen wartet darauf, gesichtet zu werden. Es ist kein bisschen feierlich, kein bisschen spektakulär. Genau so soll es sein, wenn man von zu Hause nach Hause kommt.

BERLIN:
So etwas wie ein Nachwort

»Kack-wurst! Kack-wurst!«, skandiert der kleine Junge auf Russisch in der Straßenbahn, die durch Friedrichshain tuckert. »Kack! Wurst! Kack! Wurst!«

»Pavel, Liebling, denkst du nicht, dass es andere Mitfahrer stört?«, gibt seine Mama zu bedenken und fährt ihm mit der Hand durchs Haar, halb streichelnd, halb aufräumend.

»Nö!«, antwortet Pavel und schüttelt den dunkelblonden Schopf in seine natürliche Unordnung zurück. »Die verstehen's doch eh nicht!«

»Kannst du dann nicht wenigstens ein anderes Wort nehmen?«

»Warum? Sagt sich doch so schön!«

Recht hat er. Sagt sich wirklich schön auf Russisch: Ka-ka-schka! Ka-ka-schka! Würde sich prima als eine Demo-Parole eignen. Ich habe Lust, mich Pavel anzuschließen. Dann hätten wir ein Geheimnis zusammen – außer uns dreien scheint niemand in der Straßenbahn Russisch zu verstehen. Ich lächele Pavel an. Er guckt mir direkt in die Augen. »Ka! Ka! Schka!«, tönt er. »Selber!«, antworte ich auf Russisch. Pavel verstummt augenblicklich und vergräbt seinen Kopf an der Brust der Mutter.

Vier Monate sind seit meiner Reise vergangen. Ich bin zurück in Berlin. Die Welt hat sich weitergedreht, die Welt ist die gleiche geblieben. In den Nachrichten haben Politiker Skandale und Skandälchen, Stars werden geboren und wieder vergessen, es regnet, ich habe ein Loch in der Strumpfhose und mal wieder vergessen, die Handyrechnung zu bezahlen.

Ich weiß nach wie vor nicht genau, wo mein Zuhause ist. Berlin? Russland? Überall, wo es einen passenden Arbeitsplatz gibt? Klingt nüchtern, aber ich glaube: Zuhause ist dort, wo dein Krempel steht. Das ist nicht nur bei mir so, auch bei meinen Freunden, die wie ich viele Male die Adressen und Städte gewechselt haben, sodass der Inhalt der Umzugskisten das Beständigste in ihrem Leben ist.

Ein Teil meines Krempels ist seit meiner Reise russisch: Am Kühlschrank hängen ein Dutzend Magnete mit den Namen und den Abbildungen der Städte, die ich besucht habe, wie das in Russland so Brauch ist. Im Schrank hängt das Meerjungfrauen-Glitzerkleid, das meine russische Stiefmutter mir geschenkt hat. Im Regal stehen an die zwanzig neue russische Bücher.

Ich habe mir viel vorgenommen nach meiner Reise: Ich wollte mich durch die russischen Klassiker lesen – und habe mich nach ein paar Kurzgeschichten von Tschechow in einer deutschen Schmonzette festgelesen. Ich wollte einen Artikel für eine russische Zeitung schreiben – und habe es bis heute noch nicht einmal geschafft, kyrillische Aufkleber für meine Tastatur zu besorgen.

Ich wollte von Mama die Zubereitung russischer Gerichte lernen – und habe sie letztendlich doch nur gegessen. Der geplante Anschluss an die russische Community in Berlin beschränkte sich letztendlich auf einen Ausflug in den russischen Supermarkt, in dem großartige Sachen verkauft werden wie der ›getrocknete Großschuppen-Eidechsenfisch‹.

Glaubt man meiner Familie, dann habe ich mich unterwegs keinen Deut verändert. Ich hätte nach wie vor ein »Hühnergehirn«, und es sei immer noch kinderleicht, mir »Nudeln an die Ohren zu hängen«, sprich: mich zu veräppeln. Anstatt diese Ohren »auf dem Scheitel« zu haben, also gespitzt, warte ich »mit ausgerollter Lippe« auf all die großartigen Überraschungen, die das Leben für mich parat hält.

Es ist also alles beim Alten geblieben. Außer dass ich heute weiß, was all diese Redewendungen bedeuten. Und dass mein russischer Vater öfter anruft und nach den Hochzeitsplänen fragt. Außerdem bekomme ich ab und an nette Post. Hierzulande scheint man starke Gefühle für Russland zu haben, auch wenn ich mir nicht sicher bin, ob Misstrauen im Vordergrund steht oder Faszination.

Ein bisschen haben meine Verwandten gehofft, dass die Begegnung mit der ›russischen Realität‹ mir die Hummeln aus dem Hintern treibt und meine naive Russlandbegeisterung gleich mit. Und es war nicht alles gut, was ich auf meiner Reise gesehen habe: arme Rentner, obdachlose Hunde, pinke Netzshirts. Ich habe trotzdem Lust, wieder nach Russland zu fahren. Wahrscheinlich, weil ich mit Menschen gesprochen habe, denen es gut geht, die jung sind, die Chancen haben. Mit prekären Welten kam ich in Russland kaum in Berührung. Andererseits: In Deutschland ist es nicht anders.

Wahrscheinlich ist dieses Buch positiver ausgefallen als das, was man allgemein über Russland liest, weil ich keine Statistiken gelesen habe, keine Politikanalysen, sondern in warme, gastfreundliche Häuser guckte. Möglicherweise ist es auch eine russische Eigenschaft, statt großen Fehlern im System das kleine menschliche Glück zu sehen, das Gute im Unguten. Oder vielleicht ist genau das die Definition von Heimat: Es ist nicht alles schön, aber man mag es trotzdem.

Ich bin ganz sicher nicht als Russland-Expertin zurückgekehrt, und auch nicht als ein anderer Mensch. Und trotzdem hat sich die Reise gelohnt. Schon einmal deshalb, weil ich mir das warme, heimelige Gefühl eingestehe, das mich beschleicht, wenn ein Bengel in der U-Bahn ›Kackwurst‹ auf Russisch brüllt. Und außerdem fühle ich mich in Russland nicht mehr wie eine Minderjährige, die sich zum ersten Mal vom Kindertisch zu den Erwachsenen umsetzen darf. Ich habe vielleicht nicht die Russin in mir gefunden – die war schon immer da. Aber jetzt ist sie erwachsen geworden.

Am Anfang meiner Reise fragte mich mein Vater, was ich in Russland suche, was es in Deutschland nicht gebe. Er machte sich über Westeuropäer lustig, die Tausende Kilometer weit fahren, um ein bisschen zu sich selbst zu finden. Und natürlich hatte er recht. So sehr unterscheidet sich Sibirien nicht von Berlin: Omas füttern ihre Enkel zu Tode, Väter wollen das Beste für ihre Töchter, die Liebe ist die einfachste und komplizierteste Sache der Welt zugleich. Und trotzdem: Manchmal muss man in vielen fremden Betten geschlafen haben, auf ukrainischen Isomatten, knarzenden Luftmatratzen und in sibirischen Jugendkojen, um zu verstehen, dass das eigene dort steht, wo es hingehört. Vorerst zumindest.

GLOSSAR

Azbuka (азбука): Eine andere Bezeichnung für das kyrillische Alphabet, benannt nach dessen ersten Buchstaben A (altslawisch: As) und Б (slawisch: Buki). Gleichzeitig auch der Name des Buches, das in jedem russischen Erstklässler-Ranzen liegt – wenn es nicht gerade unsanft auf dem Kopf des Banknachbarn platziert wird. Damit habe ich lesen und schreiben gelernt – so wie alle russischen Schulkinder.

Baba Yaga (Баба Яга): Böse Märchenhexe aus der slawischen Mythologie. Sie lebt in einem Häuschen auf Hühnerbeinen, kann in einem Mörser fliegen, brät Kinder in ihrem Ofen, frisst Superhelden und hat keinerlei Manieren. Warum ausgerechnet jemand mit derart zweifelhaften Charaktereigenschaften dafür sorgen sollte, dass ich meinen Brei aufesse oder ein gebügeltes Kleid trage, habe ich mich als Kind nie gefragt. »… sonst holt dich Baba Yaga« war früher Omas stärkstes Argument.

Babuschka (бабушка): Eines meiner russischen Lieblingsworte. Babuschka bedeutet ›Großmutter‹ oder

›Oma‹, man kann die Bezeichnung aber auch auf ältere Frauen anwenden, mit denen man nicht verwandt ist. Die russische Verkleinerungsform des Wortes Baba – Weib.

Balalaika (балалайка): Als Kind dachte ich, dieses Instrument sei eine Kindergitarre. In Wahrheit ist die Balalaika ein ur-russisches Zupfinstrument mit drei Saiten, das sogar an Musikhochschulen unterrichtet wird. Am erfolgreichsten sind Balalaika-Spieler in U-Bahn-Unterführungen, in denen viele internationale Touristen verkehren.

Baltika (Балтика): Zuerst hielt ich das Wort für ein Synonym für Bier. Was gar nicht so falsch ist: Baltika ist das Produkt der größten russischen Brauerei, das meistgetrunkene Bier Russlands. Die Nummer auf dem Etikett steht für die Stärke des Biers: Nummer 0 ist alkoholfrei, Nummer 9 enthält etwa acht Prozent Alkohol. (Die 20 ist allerdings kein Bierschnaps, sondern ein besonders seltenes Baltika-Jubiläumsbräu.)

Banja (баня): Die russische Antwort auf Sauna. Wird aus Holz gebaut und mit einem Holzofen beheizt. Banja ist ähnlich heiß wie die Sauna, die in Deutschland benutzt wird, hat allerdings eine höhere Luftfeuchtigkeit. Die nassen Birkenfeger sind, anders als ich gedacht hatte, nicht zum Putzen da. Damit peitschen sich die Besucher zur besseren Durchblutung aus.

Belomorkanal (Беломорканал): Was habe ich gehustet! Jemandem, der ab und an eine Gauloise pafft, krempeln Glimmstengel der Marke Belomorkanal die Lungen nach außen um. Diese Zigaretten sind so stark wie preisgünstig. Die Marke wurde in der Sowjetunion gegründet und war unter anderem deswegen beliebt, weil sich aus den »Belomor«-Hülsen prima Joints bauen ließen.

Blini (Блины): Für mich einer der Hauptgründe, nach Russland zu fahren. Blini sind dünne Fladen aus Teig, die Eierkuchen ähneln. Werden meistens mit viel Butter gegessen. Man kann sie mit Schmand, Honig oder Marmelade bestreichen oder Beilagen wie Quark, Hackfleisch oder Kaviar darin einrollen.

Boris Borisowitsch (Борис Борисович): In Russland wird neben dem Vor- und Familiennamen auch der Vatersname verwendet. Er besteht aus dem Namen des Vaters, an den ein Suffix angehängt wird. Ist der Namensträger männlich, wird der Vatersname mit ›-owitsch‹, ›-ewitsch‹ oder ›-itsch‹ gebildet. Bei einer Frau wird ›-owna‹ oder ›-ewna‹ angehängt, oder seltener ›-itschna‹ und ›-initschna‹. Vorname plus Vatersname ist meist die formelle Anredeform. Wäre ich eine Lehrerin, würden mich die Kinder als Wladislawa Wladislawowna ansprechen.

Borjomi (Боржоми): Wikipedia sagt: natürliches Mineralwasser aus der Borjomi-Schlucht in Georgien. Ich bin der Meinung: bösartiges Hexengetränk, das nach einer

Mischung aus Katzenurin und nasser Wäsche, die drei Wochen lang in der Waschmaschine vergessen wurde, riecht.

Borschtsch (борщ): Gehasst von allen Kindern, geliebt von allen Erwachsenen (vor allen Dingen denen, die aus Russland ausgewandert sind). Es ist eine traditionelle osteuropäische Suppe mit roter Bete. Ähnelt der Kohlsuppe Schtschi. Und schmeckt mir plötzlich. Der Reifungsprozess ist damit wohl bewiesen.

Durak (дурак): Als Kind habe ich weder Tabu noch UNO noch Activity gekannt. Machte gar nichts. Durak reichte. Es ist eines der beliebtesten russischen Kartenspiele, bei dem es viel wichtiger ist, wer verliert, als wer gewinnt. Man kann es stundenlang spielen, ohne dass es langweilig wird. Meine längste Durak-Nonstopsitzung: fünf Stunden und 46 Minuten.

Eskimo (ескимо): Russsisches Stieleis mit Schokoladenglasur. Für mich das beste Eis der Welt.

Gopniki (гопники): Was früher für mich die Baba Yaga war, sind heute die Gopniki. Gemeingefährlich sollen sie sein, Kinder braten, Superhelden frühstücken und allgemein üble Manieren haben. In Wahrheit sind Gopniki halbkriminelle Halbstarke, meist aus wenig gebildeten Schichten. Meistens werden sie jetzt als Begründung herangezogen, warum man in bestimmten Gegenden nach 23 Uhr nicht mehr auf die Straße gehen soll.

Griwna, auch Hrywnja (гривна): Offizielle Währung der Ukraine. Ein Hundertstel der Griwna heißt Kopijka. Ein Euro ist ungefähr 10 Griwni. Ein Eskimo kostet etwa 5 Griwni, genauso wie eine kopfgroße Wassermelone oder eine Tasche von Louis Vuitton auf dem ›Priwoz-Markt‹ in Odessa.

Guljat' (гулять): spazieren, promenieren, sich herumtreiben, feiern oder ›miteinander gehen‹ – im Sinne von als Paar zusammen sein.

Karelien (Карелия): Landstrich in Nordeuropa, der teilweise zu Russland und teilweise zu Finnland gehört.

Kartoschka (картошка): 1. Kartoffel(n). 2. Mein liebstes russisches Ballspiel für Kinder (und für Erwachsene ab dem dritten Bier). Die Regeln gehen ungefähr so: Alle Spieler stehen im Kreis und werfen den Ball hin und her bzw. baggern und pritschen. Alle, die den Ball verlieren, müssen sich in die Mitte hocken und bekommen den Ball nicht mehr zugespielt, sondern müssen versuchen, ihn zu erobern. Hat einer den Ball an sich gerissen, dürfen alle in der Mitte aufstehen und der, der ihn verloren hat, muss rein. Die Spieler im Kreis dürfen einzelne Spieler auch vorher befreien, indem sie die ›Sträflinge‹ mit dem Ball gezielt rausschießen.

Komsomol (Комсомол): Jugendorganisation der kommunistischen Partei der Sowjetunion, der man in der Regel mit 14 Jahren beitrat und dann bis zum Alter von 28

Mitglied blieb. Darauf folgte der Eintritt in die Partei. Meine Mama war in der Komsomol, mein Papa auch, Opas und Omas ebenso. Eigentlich alle Erwachsenen, die ich kenne.

KWN (КВН - Клуб Весёлых и Находчивых): Der beste Beweis, dass Russen anders als ihr Ruf doch sehr, sehr lustig sind. KWN ist die Abkürzung für ›Klub der Lustigen und Erfinderischen‹ auf Russisch. Es ist ein humoristischer Wettbewerb, bei dem Mannschaften unterschiedlicher Unis, Schulen oder Betriebe sich im geistreichen Beantworten der ihnen gestellen Fragen messen.

Mangal (мангал): eine Art tragbarer Grill, eine Feuerschale, in der zum Beispiel Schaschlikspieße gebraten werden. Der Riesenmangal auf unserer Datscha war so hoch wie eine Dogge. Verließ man die Datscha, wurde der Mangal angekettet, als sei er tatsächlich ein Hund. Man fürchtete jedoch nicht, dass er fahnenflüchtig werde, sondern dass Dorfjugendliche ihn klauen und zum Altmetall-Händler tragen würden.

Marschrutka (Маршрутка): Zuerst hatte ich etwas Angst, in die Minibusse einzusteigen. Sie bremsten mit quietschenden Reifen an den Haltestellen und fuhren genauso rasant wieder ab, sodass ich das Gefühl hatte, sie müssen einfach illegal sein. Doch Marschrutkas sind durchaus etablierte, meist private Kleinbus-Sammeltaxis, die in Russland und in vielen anderen ehemaligen Sowjetrepubliken neben dem Linienverkehr im Einsatz sind.

Mat (мат): Sätze wie »Hau ab, Du *weibliches Organ* mit Ohren, Du A*loch schwach-gesalzenes! Geh doch zum P*mmel, du Hundeglied!« führen bei mir immer noch zu roten Ohren und verlegenen Kicheranfällen. Dabei muss Mat – die lexikalisch sehr umfangreiche russische Vulgärsprache – nicht notwendigerweise böse sein. Es kann Begeisterung oder Beleidigung ausdrücken, einen Fluch oder einfach einen Emotionsüberschuss. Für Russisch-Lerner ist Mat mit großer Vorsicht zu behandeln: Manche finden den derben Mat lässig, für andere ist er immer noch stark tabuisiert.

Matroschka (Матрёшка): traditionelle bemalte russische Holzpuppe, in der eine kleinere Holzpuppe steckt, in der wiederum eine kleinere Puppe steckt, in der … Wird im Ausland oft fälschlicherweise als Babuschka (Großmutter) oder Mamuschka (Mütterchen) bezeichnet. Matroschkas habe ich bisher eher in den Haushalten von Backpackern gesehen als zu Hause bei Russen.

Motschalka (мочалка): ein Bastwisch, eine Art fester Waschlappen mit zwei Schlaufen an den Enden. Man kann kaum darüber schreiben, ohne ihn auf der eigenen Haut zu spüren (und zu hoffen, dass sie nach der Reinigung noch da ist).

Mozzhewelnik (Можжевельник): Wacholder. Eine Pflanze aus der Familie der Zypressengewächse. In Mitteleuropa ist der gemeine Wacholder bekannt – ein Strauch, der bis zu 18 Meter hoch wachsen kann. Der Zwergwacholder,

der eher im Norden wächst, ist viel kleiner. Für meine Puppen aus Blumenköpfen musste er immer als Tannenbaum herhalten.

Otbivnaja (отбивная): die russische Antwort auf Schnitzel. Ein Stück Fleisch gebraten in einer Panade aus Ei und (Semmel-)Mehl.

otdichat' (отдыхать): sich erholen, ruhen, rasten. Kann, wenn es allzu exzessiv ausgeübt wird, zum gegenteiligen Ergebnis führen.

Pelmeni (пельмени): kleine Teigtaschen mit Füllung aus Fleisch oder Fisch. Pelmeni sind eine Art übergroßer Tortellini, Hauptnahrungsmittel von alleinstehenden Männern und Erstsemestern. Als Kind waren Pelmeni für mich ein Faszinosum, weil sie fast fertig aus der Tiefkühltruhe kamen: Oma machte immer Unmengen davon auf einmal und fror sie dann ein, sodass ich sie nach der Schule einfach ins heiße Wasser schmeißen konnte.

Petschka (печка): russischer Ofen zum Kochen und Heizen oder sogar zum Darauf-Schlafen. Petschkas sind so konstruiert, dass sie Hitze für lange Zeit speichern und den Rauch abführen. Einmal habe ich Buchweizenbrei direkt von der Petschka gegessen – es war der beste meines Lebens.

Piroggi (пироги): Teigtaschen aus meist ungesüßtem Teig mit herzhafter oder süßer Füllung. Glücklich waren die Tage, an denen man nach der Schule nach Hause kam und eine mit Küchentuch abgedeckte Schüssel auf der Heizung fand. »Da geht der Hefeteig«, sagte Oma. Wohin er geht, bedurfte keine Fragen: ganz klar in den Ofen und dann in meinen Bauch.

Plombir (пломбир): Wer einmal am Plombir schleckte, wird für Frozen Yoghurt und Softeis nur ein müdes Lächeln übrig haben. Es ist Sahneeis mit besonders viel Ei, nach ursprünglich französischem Rezept, superfettig und superlecker.

Poorga (пурга): Schneesturm im flachen nördlichen Teil von Russland, der mich früher oft in den Schlaf heulte.

Rubel (рубль): russische Währung. Ein Euro entspricht in etwa 40 Rubel. Die Kopeke ist ein Hundertstel des Rubels. Das russische Geld unterliegt durchaus den internationalen monetären Gesetzen: Am Ende des Rubels ist immer noch zu viel Monat übrig.

Salat Olivje (салат Оливье): Festmahl des kleinen Mannes. Erfunden vom französischen Gourmetkoch Lucien Olivier bestand das Gericht ursprünglich aus edlen Zutaten wie Haselhühnern, Kalbszunge, schwarzem Kaviar, Kapern und Blattsalat. In Zeiten der sowjetischen Mangelwirtschaft nahm man es nicht mehr so genau. Olivje wurde zu einem obligatorischen Feiertagssalat aus Kartoffeln, Salzgurken, Fleischwurst, Eiern, Karotten, grünen Erbsen, alles übergossen mit einem Meer aus

Soljanka (солянка): traditionelle russische Suppe mit Salzgurken und verschiedenen Fleisch- oder Wurstsorten. Noch so ein Ding, das erst mit der Volljährigkeit anfängt zu schmecken.

Sowok (совок): 1. Kehrblech. 2. Umgangssprachliche, oft abschätzige Bezeichnung für die ehemalige Sowjetunion. Beispiel: »Wo hast du denn dieses olle Shirt gefunden? Im Kehrblech?«

Stakantschick (стаканчик): 1. Becherchen. 2. Abgepacktes Eis im Waffelbecher.

Stolowaja (столовая): 1. Esszimmer. 2. Kantine mit Selbstbedienung, oft angeschlossen an Unternehmen oder öffentliche Einrichtungen und ziemlich preisgünstig. Böse Zungen sagen: »Die Hälfte des Geschmacks zum halben Preis!«

Suchariki (сухарики): Croutons-artige getrocknete Brotwürfel. Viel besser als Chips, habe ich festgestellt. Nur die Krümel pieksen mehr.

Syrniki (сырники): kleine russische Quarkpfannkuchen, die es als Dessert gibt oder am Wochenende, wenn alle viel Zeit haben, zum Frühstück – so wie in anderen Ländern Croissants.

Tusovka (тусовка): 1. Party. 2. Clique oder Szene. 3. Ihr Treffpunkt. Für mich ist Tusovka vor allem ein Gefühl.

uchaschivat' (ухаживать): Wörtlich: hegen und pflegen. Anbandelungsmaßnahmen zum Zwecke des Beziehungsbeginns oder einfachen Rumkriegens.

vKontakte (вконтакте; vk.com): Hier verdaddeln russische Jugendliche ihre Zeit. vk.com ist ein soziales Netzwerk, das in den Ländern der Sowjetunion bekannt ist und Facebook ähnelt.

Heilige Xenia, auch Xenia von St. Petersburg (Святая Ксения, Ксения Петербургская): Leider kenne ich mich mit orthodoxen Heiligen kaum aus, aber sofern ich das verstanden habe, wird die heilige Xenia als eine russische Mutter Teresa verehrt, bloß dass sie als seligverrückt galt. Nachdem ihr Mann Xenia mit 26 als Witwe zurückließ, wurde sie zur ›Närrin in Christus‹. Sie gab ihr Hab und Gut an die Armen, zog die Sachen ihres Mannes an und hörte nur noch auf seinen Namen, verbrachte einige Jahre im Einsiedlertum und kehrte dann nach St. Petersburg zurück, wo sie sich um Bedürftige kümmerte. Xenia lebte im 18. Jahrhundert, 1988 sprach sie die russisch-orthodoxe Kirche heilig.

Zakuska (Закуска): Vorspeise oder ›Nachbeißer‹: warme oder kalte, meist herzhafte Häppchen, mit denen man einen Schnaps-Shot begleitet. »Der säuft ohne nachzubeißen«, ist ein entrüsteter Ausruf über jemanden der haltlos bechert.